訓練發展、學校與家庭、身體知識、自然教育……現代學前教育理論

Friedrich Fröbel

福祿貝爾

談「人的教育」

弗里德里希・福祿貝爾——著

周博文——譯

U0087521

幼兒教育之父福祿貝爾談教育

成長是連續的過程、家務活動引導獨立思考、
學校的作用與意義、遊戲引導自我展現、少年期兒童特點……

本書將根據其教育理論，為家長解答幼兒教育的種種問題！

目錄

CONTENTS

導言

福祿貝爾（Friedrich Wilhelm August Fröbel，西元 1782 ～ 1852 年）是德國 19 世紀著名教育理論家以及教育實踐家，是 19 世紀兒童新教育觀念的主要宣導者之一，也是奠基現代學前教育理論的核心人物。他也是繼瑞士教育家裴斯泰洛齊（Johann Heinrich Pestalozzi）之後的又一位教育學大師，也是裴斯泰洛齊教育理論的主要擁護者與追隨者，並同樣對兒童充滿深刻的愛。他作為裴斯泰洛齊的忠實門徒，批判的繼承並發展了裴斯泰洛齊的教學事業與教學理論實踐。他曾建立了針對整個兒童時期教育的完整理論體系。他依照新教育思想創辦了凱爾豪學校，並在多年教學工作實踐與經驗的基礎上，撰寫出著名的教育學專著——《人的教育》。他畢生的最核心貢獻在於學前教育：他創立了一種對當時而言堪稱全新的學前教育機構，並以「幼兒園」這個獨特的全新名稱予以命名。從這一方面來說，他是幼兒園教育的首倡者。福祿貝爾創建的幼兒園，彰顯了西方教育工作者開始探索以兒童本身為核心的新理論與教育新途徑，實施一種能充分反映幼兒學習特徵的教育計畫，這是一種全新的嘗試，因此，福祿貝爾在西元 1837 年於德國創建的幼兒園，被後人看作是幼兒教育的開端。

福祿貝爾的人生道路

福祿貝爾於西元 1782 年 4 月 21 日出生在德國圖林根地區的施瓦茨堡—魯多爾施塔特封地上的奧伯韋斯巴赫村。父親是

一位馬丁‧路德派的牧師，其祖輩是圖林根地區的牧師、農民或是林務人員。這種家庭環境使得福祿貝爾從幼年起就深受宗教思想影響，並使他得以與大自然密切接觸。福祿貝爾未滿週歲時（西元 1783 年 2 月），母親就病逝了，從此，他便喪失了母親的溫暖與愛。2 年後，父親再婚，但福祿貝爾與繼母的關係並不好，而父親忙於工作，使得他的童年缺少熱情與關懷，因此他的幼年時代是在孤獨寂寞中度過的，並在孤獨和寂寞中有了沉思默想的習慣。為從這樣乏味的生活中尋求一些人生樂趣，他時常在父親的花園裡觀察與探究各類植物與自然現象，這激發了他對自然的熱愛與強烈的求知慾。童年的不幸遭遇也使他對兒童有了極為特殊的感情，並很早就明白母愛的珍貴，意識到母親與家庭對孩子的近乎決定性的意義，這對他日後獨樹一幟的教育思想的形成有重大影響。

福祿貝爾到了上學的年齡，就寄居在當牧師的舅舅家，在當地的國民學校就讀。他早期的學校教育並不完善，僅僅在國民學校畢業後就開始了兩年的林務學徒生涯，此時年僅 15 歲。他沒能進入中學深造。林務學徒生活使福祿貝爾更加了解自然，他試圖透過與自然的密切接觸來靠自學開闊自己的思路，力求透澈了解自然與世界，追尋事物的奧祕及萬物間的關係。他搜集石子與各類植物標本，鑽研數學與植物學。西元 1799 年，他進入耶拿大學哲學院，專攻自然科學與數學。當時在該大學任教的著名哲學家費希特（Johann Gottlieb Fichte）和謝林（Friedrich Wilhelm Joseph von Schelling）對福祿貝爾的哲學思想的形成與發展產生了極大的影響作用。福祿貝爾在大學進修

一年後，因經濟拮据，無力支付學費而再次被迫中斷學業。西元 1802 年，其父親去世。在此後的幾年裡，福祿貝爾曾從事見習林務員、土地勘測員和農場書記員等工作。這些職業雖不起眼，但對他一生的發展產生了關鍵的影響，完善了他的知識體系。

西元 1805 年，福祿貝爾前往德國法蘭克福，預備研究建築學，有志成為建築師。但是一個偶然的機會改變了他的想法：他意外結識了一位熱衷教育改革的裴斯泰洛齊的門徒 —— 法蘭克福模範學校校長格呂納（Anton Grüner），他建議福祿貝爾在自己的學校任教。這是一所他完全遵照裴斯泰洛齊教育理論與原則而創辦的學校，目的在於試驗推廣裴斯泰洛齊教育理論與方法。該校當時被視為未來初等學校的「楷模」，因此稱模範學校。格呂納的主張讓福祿貝爾大受觸動，他欣然接受了格呂納的提議，出任該校的教師兼校長助理。這是他獻身教育事業的起點，從此，教育成為他終生的事業。福祿貝爾在這裡認真學習鑽研了裴斯泰洛齊的教育學說及各類教育文獻，探索各種教育問題及其內在規律。

但他在法蘭克福模範學校工作的時間並不長，第二年他便開始在霍爾茲豪森男爵家擔任家庭教師，為期五年。當時家庭教師的社會地位並不高，但考慮到他的學生將來進大學深造時，他能以照管者和導師的身分陪伴他們一同入學，這是他進一步深造的絕佳機會。雖然最終沒能如願，但他得以在瑞士伊弗東裴斯泰洛齊的學校裡進行了長期逗留，長達兩年。

福祿貝爾在伊弗東深受裴斯泰洛齊教育思想的影響，獲得

了多方面的啟發。福祿貝爾作為裴斯泰洛齊最忠實的信徒之一，批判性的消化、吸收了裴斯泰洛齊的著作當中的核心精神，進一步發展了其教育事業。福祿貝爾在這一時期已形成了裴斯泰洛齊曾設想過的關於透過適合兒童自然天性的教學方法，使得學齡前兒童為進入初等學校學習做好事先準備的思想。這種最早期的教學應明確反映各門科學的要素，並完全以幼兒的自身特點出發。他開始研究遊戲對兒童身體發展和掌握知識的重要影響。

結束了家庭教師工作後，他進入柏林大學求學，在此期間，福祿貝爾加入了由裴斯泰洛齊的追隨者們組建的愛國團體，並在費希特（Fichte）、雅恩（Jahn）等著名愛國青年的感召下，於西元 1813 年參加了反抗以拿破崙為首的侵略者統治的解放戰爭（西元 1813 ～ 1815 年），他在盧真志願步槍隊服役至西元 1814 年退伍。隨後的兩年間，他在柏林大學礦物學博物館擔任助理。在志願步槍隊服役期間，福祿貝爾結識了米登多夫（Wilhelm Middendorff）與朗格塔爾（Heinrich Langethal）。在創建新教育體制問題上，他們志同道合，於是三人成為了親密同事，並相伴多年。

福祿貝爾承受了戰爭生活的考驗，在這一時期，他與米登多夫和朗格塔爾提出了關於民主主義民族教育的最初設想，確定了為民族教育而獻身的終身目標。他曾因德國當時四分五裂的狀態而憂心忡忡，並提出教育好兒童才是民族未來的希望。從此，福祿貝爾的理論便帶有明顯的民族主義色彩。

西元 1816 年，福祿貝爾在德國的格里斯海姆創辦了自己

的第一所學校，名為「德國普通教養院」，他的三個姪子與另外三個男孩成為他的首批學生。西元 1817 年，學校遷往魯多爾施塔特的凱爾豪。西元 1818 年，福祿貝爾與妻子霍夫邁斯特（W Hoffmeister）成婚，他的妻子是一位充分理解福祿貝爾教育理想的女性。福祿貝爾在這所學校當中力圖實施裴斯泰洛齊關於兒童天性自然發展的教育原則，重視兒童的自我活動及自由發展，認為要教育出「自由的、自覺行動的、有思想的人」。凱爾豪學校在福祿貝爾主持下及幾位積極支持他的同事們的親密合作下，成為培植愛國思想的場所，並迅速發展壯大。

在凱爾豪，福祿貝爾撰寫了一系列關於人的教育的重要文章，其教育名著《人的教育》也是在這一時期創作的。他還創辦了《教育家庭》週刊，以宣傳他關於家庭教育的思想，並提出了（但未發表）《赫爾巴計畫》（Helba-Plan），在這個計畫當中，他提出關於發展一種具有民主主義統一學校性質的國民教育機構的思想。

福祿貝爾的教育思想是先進而超前的，但也正因為如此，其教育理論和教育實踐與當時的歐洲封建等級教育是嚴重對立的，所以他的教育工作也必然遭到反動勢力的壓制。凱爾豪學校也由於和愛國青年有關係而受到牽連，被誹謗為「蠱惑宣傳者們的巢穴」和「培養造反精神的溫床」。學校的活動遭受諸多限制，凱爾豪學校的支持者們慘遭迫害、拘捕和審問，這所學校幾乎崩潰，學生人數急劇減少，在西元 1829 年時一度僅餘 6 名學生。

但不管形勢多麼不利，福祿貝爾始終堅持自己是一位堅定

的民族主義者，無論是從他的教育著作還是從其教育實踐工作而言。正是在如此艱難的情況下，他以凱爾豪學校的工作經驗為基礎，寫成了他一生中最主要的著作《人的教育》，並於西元 1826 年正式發表。

西元 1831 年，福祿貝爾選擇流亡瑞士，因為那裡有利於他堅持從事政治教育活動。他希望利用國外的有利條件，真正實踐自己的教育思想。

在瑞士，福祿貝爾為創辦以裴斯泰洛齊教育思想為指導的新學校而不斷努力。在盧塞恩邦政府的大力支持下，他在瓦赫滕澤建立了這一類型的學校。但其辦學活動遭到當地宗教勢力的敵視和阻撓而未能獲得顯著成效。然後他於西元 1834 至西元 1835 年擔任一所孤兒院的院長。在那裡，他將全部精力都投入到學前兒童教育研究之中。

福祿貝爾在任孤兒院院長期間所累積的寶貴經驗，使他有可能去解決幼兒教育當中可能遇到的各種問題。他了解到一切教育的基礎都以家庭為根基，認為培養精明能幹的母親具有絕對的必要性，而兒童最早期的教育在他看來重於一切。他決心至少把他的教育思想全面應用於下一代最早期的教育工作中，並在婦女界爭取獲得支持。

西元 1836 年，福祿貝爾返回故鄉圖林根，開始設計一套契合自身教學理論要求的遊戲材料，以幫助和指導母親們改進其學前教育工作。西元 1837 年，他在德國巴特布蘭肯堡開辦了一個名為「發展幼兒活動本能和自發活動」的教育機構。在那裡，他在自己的研究成果的基礎上創作了一套教育遊戲，並

對遊戲的過程與目的做了詳細說明。西元 1840 年，福祿貝爾把這一教育機構更名為「德國幼兒園」，這象徵著世界上第一所幼兒園的誕生。隨著幼兒園的誕生，主要由女性擔任的「幼兒園教師」這一職業也登上了歷史舞臺。福祿貝爾把幼兒園比作花園，把幼兒比作花木，把幼兒園教師比作園丁，把幼兒的思想培育比作培植花木的過程。總之，在他看來，幼兒園就是「兒童的花園」，也是幼年兒童獲得幸福的象徵。他的主張和教育理念受到社會多方面的支持，以相同教育理念為指導的新幼兒園在德國許多城市紛紛建立起來。

西元 1848 年資產階級革命失敗後，普魯士政府殘酷鎮壓所有活動。西元 1850 年，德國政府禁止福祿貝爾在普魯士從事教育活動，使得這位老人大受打擊。西元 1852 年 6 月 2 日，福祿貝爾在馬林塔爾與世長辭。福祿貝爾逝世 8 年後，普魯士政府才取消了對幼兒園的禁令。西元 1861 年，福祿貝爾關於幼兒教育的著作，由他的生前好友編輯出版，名為《幼兒園教育學》。福祿貝爾的理論與教學實踐在其生前飽受爭議，但他的幼兒教育的理論和實踐以及獻身教育事業的崇高精神，對後世的影響是極其重大的。在現代，他的主要教育著作已被譯成多種文字，為全世界的教育工作者所共同研究、學習。

福祿貝爾的基本教育理論

福祿貝爾沒有建立起自身獨立的哲學體系，但他的教育理

論深受德國古典哲學的影響。他在大學進修期間，曾深入研究既有的各類哲學體系和哲學流派。克勞澤（Karl Christian Friedrich Krause）、奧肯（Oken）、施萊爾馬赫（Schleiermacher）、謝林、費希特等人的哲學思想都對他產生了深刻影響。尤其是克勞澤和奧肯的自然哲學，使他在研究人的教育理論中得到深刻啟發。但由於他同時深受唯心主義哲學的影響，並對有神論較為執著，其理論也帶有一定的宗教神祕主義色彩，這是他的不足。

（一）認為上帝是萬物的統一體

上帝是萬物的統一體，這是福祿貝爾最重要的哲學思想，並在其教育理論中多有表現。他認為：「有一條永恆的法則存在於世界的一切事物中……這條支配一切的法則必然以一個萬能的、不言而喻的、富有生命的、自覺的，也因而是永恆的統一體為基礎；這條法則，又按照與統一體自身相同的方式，被人們透過信仰或觀察，同樣活生生的，明晰全面的認識到……這個統一體就是上帝。」

福祿貝爾以上帝為萬物統一體的哲學觀念為基礎，由此出發提出了教育的目的、任務及途徑。他認為，人是理智生物，與世間萬物一樣，都是上帝所創造的，服從於同樣的發展規律，具有與一切事物相同的本質，即上帝的精神。人與其他事物一樣，起初都是很不完善的。但人處在自然發展的最高階段，作為一種有著思想與理智的生物，具有非常特殊的使命，人應意識到自己天賦的力量及本質，即展現在自己身上的上帝

精神，並將其自覺貫徹到生活中。教育的作用就是要順應人的本性去激發並推動其有意識的和自覺的、完美無缺表現上帝的精神並有所發展，指明達成這一目的的途徑。他寫道：「一切事物的命運與使命便是展現其本質，即展現其所包含的上帝精神，人要自覺和自由的在生活中對上帝的精神加以貫徹，使之發揮作用，得到展現。人的教育就是激發與教導自我覺醒中的、具有思想與理智的生物 —— 人有意識的表現內在法則，並指明達成這一目的的途徑與方法。」福祿貝爾還認為，上帝賦予人的本質起初是不完善的，人要讓自己的本質獲得發展，首先要認識自己與他人，認識上帝與自然，然後讓自己的一切與自然、上帝協調一致，使自己的內在本質與外部世界，即展現著上帝精神的自然彼此統一，按照在自然當中所展現的上帝精神去生活。而要認識自己和外部世界，首先必須將自己的內部世界，即自己身上潛藏著的上帝本質，在外部世界當中表現出來，這樣，其內在本質才能被自己和他人所認知，最後達成內部與外部的統一，而教育的作用就是要激發與推動這一過程的最終實現。

（二）透過各類活動達成「生命統一」—— 勞動及其他活動的實際教育意義

福祿貝爾非常強調勞動等各類活動的實際教育意義，並給予了高度評價。他認為，家庭當中的共同勞動以及家庭成員間的彼此幫助，是家庭共同生活的基礎。並認為，做事、勞動等各類活動是人們認識自己的唯一途徑。他認為人進行創造，原

本只是為了讓存在於自己身上的精神——上帝的本質，在自身以外以一定的形式展現出來，這樣，他可以認識自身的精神，認識到展現在自己身上的上帝的本質。在自然界中，經過內部世界與外部世界，或者說是精神與自然在生活當中的結合而獲得發展。然而要實現內部世界與外部世界的統一，必須以勞動等人進行的各種活動為媒介。只有在各類活動中，人的本質才可以充分展現出來，並為人們所真正認識，透過活動實現內部世界和外部世界統一的歷程，便是生活本身，而在生活與活動中，自然與精神達成統一，即所謂的「生命統一」。

福祿貝爾認為「對立融合」是自然萬物所必然服從的普遍法則。人的發展同樣要受到這條法則的制約。在實現「生命統一」的整個過程中，精神作為一種衝動由內而外發揮作用，自然作為一種刺激由外而內發揮作用。精神與自然這兩類對立的事物透過人的活動而達成統一或融合，從而使人獲得滿足，得到發展。因此，實現「生命統一」的整個過程，即為「對立融合」法則得以實現的過程。而勞動及其他活動對這一過程的實現而言，是不可或缺的環節。

（三）對人的發展及其連續性的觀點

福祿貝爾認為人作為宇宙萬物的一部分，在其生命過程當中是處於不斷發展的狀態下，並從事物之間存在整體關聯的觀點出發，強調人在各個發展階段當中是存在連續性的。基於此看法，他主張人的教育應遵照兒童的本性引導他們進行連續、協調的發展，促使他們在各個層面得到均衡發展，反對那種將

人類的發展與訓練看作是「靜止、完結的，似乎始終都是以更大普遍性重複著的東西」的看法。他還批評了當時的很多教育者將人的各個發展階段孤立起來的錯誤看法。他說：「將人成長過程的各個時期劃分出明顯的界線並造成截然的對立，從而完全忽視人是處於不斷進步的現實，並漠視人在各個階段之間存在活生生的關聯的事實，那是非常有害，對兒童發展有著阻礙作用的，甚至會對教育產生破壞作用。」他指出，父母往往只看孩子的年齡，不管事實上他們的智力、情感與身體的要求是否已達到實際的身心發展階段。他認為：「這種觀點，還有忽視孩子的後繼發展階段關聯的早期發展教育，尤其是忽視幼兒期與少年期的有效教育，會為孩子的後期教育者帶來幾乎不可克服的困難，因為早期教育對孩子的影響是至關重要的。」福祿貝爾的這種關於自然當中無限發展與人在整個生命歷程當中的持續發展的思想，構成了其教育理論體系當中的主導部分。

（四）教育呼應自然原則

教育要與自然相呼應，即教育必須遵循自然法則，這是福祿貝爾的教育理論體系當中的一條重要原則。福祿貝爾從此原則出發，要求讓兒童從成長的最早期開始，就能不受干擾的自然發育與接受教育。因此，「教育、訓練及全部教學活動不應該是絕對的、指示性的，而應當是容忍的、順應的。」福祿貝爾用園丁修剪葡萄藤作為比喻：「葡萄藤應被修剪。但修剪本身無法為葡萄藤帶來葡萄，相反的，無論出於多麼良好的意

圖，如果園丁在工作當中不是極為耐心的、小心的順應植物本性，那麼葡萄藤可能會因為不當的修剪而被徹底毀滅。」他認為只有當受教育者擁有一定的自覺性後，才能使用指示性的教育方式。

除了注重兒童要不受干擾的自然發展之外，福祿貝爾也主張重視兒童的個性發展，他相信，個人只有在與他人的連結過程中，才能實現其生活的目的。在這方面，福祿貝爾特別強調兒童與國家及家庭教育之間的關聯，強調家庭教育的重大作用。

對教育時期的劃分及對各時期教育特點的論述

（一）幼兒期

福祿貝爾將對人的教育按年齡範圍劃分為幼兒期和少年期兩個主要階段，幼兒期又進一步分為嬰兒期與幼兒期，少年期則分成少年期與學生期。

福祿貝爾認為在嬰兒期，人體各部分與各類器官的發育占主要地位，其中，他首先強調了感官發展的極度重要性。他認為，人必須去認知他所接觸到的每一個外部事物，並要求從其本質與和其他事物的連結方面去認知它，而人的感官便是實現

這一過程的主要工具。

　　為了促進各種感官的發展，福祿貝爾強調此階段的孩子的身體、感官、四肢的運用、應用及練習。只要獲得了鍛鍊就可以了，至於有什麼樣的結果並不重要。運用的方式，主要是表情與四肢的遊戲。

　　在感官、身體與四肢活動獲得了發展後，兒童開始自主向外展現其內在本質時，嬰兒期便告終止，隨後進入幼兒期，這時也就真正開始了「人的教育」。不過，這一時期的教育依舊是由家庭負責的。

　　福祿貝爾認為遊戲是幼兒的最主要活動。他認為，正是在遊戲的過程中，兒童最能展現出創造性與主動性。福祿貝爾還說明了遊戲對兒童發展的重大教育意義，還有在學前教育當中的獨特地位，高度評價了遊戲對於教育的積極作用。他強調「遊戲是人在這一階段當中最純潔的精神產物」，它「帶給人歡樂、自由、滿足，內部與外部的平靜，與周圍世界和平相處。一切善的根源都在於它、來自它、產生於它」。

（二）少年期（少年前期）

　　福祿貝爾所說的少年期兒童主要指處於學前期的少年兒童，大約是 3 到 7 歲左右。在他看來，這一階段的少年兒童的教育，關鍵在於家庭生活與父母的教育。他認為，人的這一發展階段要點在於使外部的東西變為內部的東西，這就是學習。這一發展階段的兒童必然有強烈的好奇心及求知慾，他們渴望

從周圍的各種事物中找尋內在的關聯與統一。這種渴望能夠透過進行各種遊戲來獲得滿足，而家庭生活是獲得這種滿足的必要途徑。家庭生活是兒童的生活楷模，會對他的未來生活產生極大影響。他將按照這種楷模的方式在生活當中表現自己。因此，父母不應當拒絕孩子幫助自己做事的主動要求，而要加以支持與肯定。

作為教育者，對兒童的這些主動要求的活動都應予以肯定及支持。這類行為將會豐富其知識，擴大其眼界。就算兒童在活動過程中有時會犯錯誤，但其初衷都是好的，在這種情況下，教育者不應否定孩子，對孩子心生怨懟，否則會在精神上扼殺孩子的未來發展。

福祿貝爾認為，遊戲和身體活動依舊是該年齡段孩子的重要活動內容，但遊戲的內容與形式應當逐漸創新並日益豐富，家長要為此提供與創設活動條件。

（三）學生期（少年後期）

兒童成長進入少年後期，即學生時期，這一階段的教育者主要是學校。因此，關於學校的性質、任務、教學內容及教學方法等學校教育的相關基本問題，福祿貝爾都進行了具體而系統的論述。

關於學校的性質與任務，福祿貝爾指出：「學校與教學應將外部世界與作為外部世界的一部分，並與外部世界有著密切關係的學生本身，作為其對立物，作為不同於學生自身的、他

所不熟悉的其他東西，展現在學生面前。再則，學校還要為學生指出各類事物的內部傾向、事物彼此之間的關係與關聯，讓他們的認識朝著更廣泛的普遍性和思想性方面上升。」學校的任務是讓脫離了相對狹小封閉的家庭圈進入更為廣闊世界的兒童，從以往對客觀事物的表面的、非本質的觀察，進入對涵蓋學生自身在內的客觀世界本質的觀察，從而獲得關於事物內在本質及內部傾向，還有本質與傾向之間彼此關係的認識。

因此學校教室的作用在於向自己及學生指出並使其理解事物內在的、精神方面的本質。教師要教給孩子理解學習對象本身，並教給他與該學習對象相關的各類知識。

學前教育理論

（一）學前教育的地位與作用

福祿貝爾對於學前教育的理論及其相關實踐活動的探索與思考，是其一生的主要研究方向。福祿貝爾認為學前教育在人的整個教育體系當中占有非常重要的地位。他認為，幼兒時期是人一生當中發展的極度重要的階段，「人的整個未來生活，直到他即將離開人間的時刻，其根源都在於這一階段，不管孩子的未來生活究竟是純潔的，或是汙濁的，是勤勞的或是怠惰的，是成就斐然的，或是無所事事的。他日後對雙親、家庭與

兄弟姐妹的關係，對社會及人類、自然以及上帝的關係，按照兒童固有的先天稟賦，主要取決於其處在此年齡階段的生活方式」。他認為：「假如兒童在此階段遭受了損害，假如其未來生命之樹的胚芽遭到了損傷，那麼他必然付出極大的艱辛與努力才可能在未來成長為強健的人，必須克服非常大困難在未來發展道路上避免這種損害所引發的畸形。」因此他把學前教育看作是人生當中真正接受教育的開端。

福祿貝爾對於家庭教育對學前教育的作用非常重視，他相信要想改革幼兒教育就必須從改革家庭教育開始，他主張為缺乏教育能力的父母提供積極的指導。他創辦幼兒園的目的也正主要在於此。他吸取了當時各類幼兒教育機構的經驗，規避了這些機構的不足與弊端，建立了具有自身特色的，以全新教育理念為指導的新式幼兒園。

福祿貝爾將幼兒園教學的目的與任務歸納為三個方面。

1. 幼兒園不只是為一般家庭解決照顧孩子的實際困難，更重要的是要培養學前兒童參加與其本質相符合的活動，增強孩子的體質、訓練其感官，使他們的心智發展得到正確引導。為此，幼兒園要安排孩子參加各類活動，尤其是透過遊戲來發展他們的特質，為其未來求學之路與人生發展提供準備工作。

2. 幼兒園應正確引導孩子進行各種活動，作為母親們訓練孩子的助手，為其他幼兒教育機構訓練教師。

3. 幼兒園還要推廣幼兒教育經驗，將適合兒童的遊戲及其方法，包括玩具、遊戲內容和遊戲方法介紹給各個教育

機構。

（二）遊戲、勞動等活動的作用

福祿貝爾主張借助各類作業、練習以及遊戲使得兒童的創造性獲得系統性發展。他特別強調遊戲在學前教育當中的重要作用，因為兒童的創造性是主要透過遊戲來表現出來的。遊戲會極大影響兒童的生活以及教育。他認為，一個能幹的孩子，如果可以平心靜氣、堅忍不拔的堅持遊戲的話，將來也會成為一個能幹的，能夠以自我犧牲來增進他人與自己幸福的人。為了有系統的安排兒童進行遊戲，福祿貝爾發展了一個由簡單到複雜，由統一到多樣的循序漸進的遊戲體系。這個遊戲體系應能夠逐步發展孩子的智力和體力，同時使其認識生活發展規律。福祿貝爾堅信自然與人類生存的所有領域都存在著相同的發展規律。當兒童透過遊戲等方法，了解到這種到處都相同的有規律的關聯時，他就可以適應一切領域的生活。

（三）「恩物」及其遊戲和作業體系

福祿貝爾為了能讓兒童發展遊戲及其他活動，設計出一個由簡單到複雜，從統一到多樣的一套活動玩具作為自己獨特的教具。他稱這套活動玩具為「恩物」，即代表這些玩具是上帝的恩賜。

「恩物」的基本組成部分是圓球，其次是立方體，最後是圓柱體。球體法則是福祿貝爾哲學思想的核心，他認為圓球是一

切外部形狀當中最完美的形態，是物質世界當中對應上帝的事物，圓球是上帝力量在塵世當中最本質的表現，是萬物統一的象徵。所以兒童玩球，可以懂得事件最完美的道理。立方體有三維性，同時擁有六面、八角、十二邊，這是非常豐富多彩的形狀。如果將圓與四邊形結合起來，便是圓柱體。這是基本的物體形態，透過改變主軸的方式，還可以構成其他許多形狀。這些豐富多彩的形狀可以表現自然形態的多邊與多彩。福祿貝爾認為上帝是自然及其規律的創造者，每個兒童使用以這些圖形構成的玩具，就等於模仿上帝將自然加以重新創造，幫助孩子發展早期智力。儘管福祿貝爾的思想充滿了唯心主義色彩，但這套方法確實對發展兒童的智力與創造性有一定的幫助。

福祿貝爾理論的價值及其局限性

福祿貝爾的貢獻主要在學前教育方面。他第一個創立了相對完整的學前教育理論體系。他所創辦的幼兒園及提出的幼兒教育理論，對世界各地的幼兒教育的發展發揮了廣泛的影響。他在研究兒童智力發展的規律，認識學前兒童的思想方面是有著重大貢獻的，為日後幼兒教育的進一步發展奠定了基礎。他發明的很多遊戲、設計的「恩物」玩具都對日後的學前教育發展有著深遠的影響。直到今天，兒童玩具的設計依舊深受福祿貝爾理論的影響。如今學校裡的一些課程，如手工活動、手工製作等，也是受福祿貝爾的啟發才發展延續至今的。福祿貝爾

強調兒童要經常進行戶外活動，並分小組進行遊戲來促進身體發育的思想也是非常可貴的。

除學前教育外，福祿貝爾對學校教育也提出了很多有價值的理論及建議。他主張教育適應兒童天性，反對強制性教育，反對一些教師壓制兒童發展的做法，重視讓兒童積極參加活動，重視培養與發展兒童的創造性，重視兒童個性的發展，並強調早期教育對人生的決定性影響，家庭教育的極度重要性，主張人的所有發展階段具有教育連續性等主張，都被後人證明是正確的，他對後世教育學發展的貢獻是非常突出的。

但福祿貝爾的理論並非沒有缺陷，他始終站在唯心主義的角度看待問題，始終帶有濃重的宗教神祕主義色彩，使得他在制定教育方針時不可避免的有所局限，在宗教框架內一些規定顯得過於死板。

儘管福祿貝爾的理論具有局限性，但瑕不掩瑜，他的教育理論和教育實踐對後世的影響是不容抹殺的。他對世界各國的幼兒教育發展的影響是跨時代的，很多理論至今依舊在世界各地發揮著積極的作用。

單元 01
教育的目的和要求

在世間，有一條永恆法則存在於一切事物之中，主宰並作用於萬事萬物。這條法則，無論是在外部，即存在於自然界中，或是在內部，即存在於精神世界之中，或是兩者的結合體，即在生活之中，都始終同樣明晰與確定，這對於出自情感與信仰，被非此即彼的自然法則必然性所充滿、滲透，並因此充滿生命力的人類而言，對於以睿智而沉著的慧眼，透過表面現象看透萬物本質，並以邏輯的必然性和可靠性來認知世界的人類來說也是如此。這條支配一切的法則必然以萬能的、不言而喻的、富有生命力的，而且是自覺而永恆的統一體為基礎；這條法則，又按照與統一體本身同樣的方式，被人們透過信仰或觀察而明晰和全面的加以認知，這一法則是能夠被思慮縝密、頭腦清醒的人所掌握的。

　　這個統一體便是上帝。

　　一切事物都來自上帝的意志，並唯獨取決於上帝的意志，一切事物的唯一本源在於上帝。

　　上帝的意志在一切事物中存在，並影響與主宰著萬事萬物。

　　一切事物都處於上帝的意志之下，在上帝的心中，並透過上帝的意志而存在著、生活著、保留著。

　　人的教育就是要激發與教導作為一種處於自我覺醒中的，有著思想與理智的生物 —— 人有意識並自覺的、完美無瑕的展現世界內在的法則，即上帝的精神，並指明達成這一目的的途徑及相應方法。

　　對於這一條永恆法則的認知與自覺掌握，有關其本源、本質、整體及關聯，還有法則的作用的活力的觀點，關於生活及其整體的知識便是科學，也就是生命科學；而研究這種自覺的、具有思想與理智的生物是怎樣透過展現與實踐這條法則的科學，即教育科學。

　　從對這條永恆法則的認知與洞察當中所得出的，藉以指導擁有思想及理智的生物去理解其天職，並實現其使命的規範也就是教育理論。

　　將這種認知、觀點和知識主動應用於直接發展及訓練有理智的生物來自主決定其命運，便是教育的藝術。

　　教育的目的在於展現忠於職守、純潔、完美無缺，因而也是神聖的人生。

　　將認知與運用、覺悟及表現統一展現出來，在為實現忠於職守的、純潔的、神聖的生活的實際生活當中統一起來，這就是生活的智慧，即智慧本身。

　　智慧是人類的最高目的，是人最高尚的自決行動。

　　教育自己並教育他人，和以覺悟、自由和自決來進行教育，是智慧的雙重活動；它從一個人出生於世上時便已開始，並隨著人自覺性的最初出現起就已經展現出來，並在這時開始顯示它是人類不可或缺的必然要求，而且，為了滿足這種要求，在過程中會得到人們的支持及採納。這種智慧活動意味著人們走上了一條不平凡的道路，一條能夠可靠引導人們去實現人性的外在需求，經過忠於職守的、純潔的、神聖的生活抵達

人間樂園的道路。

　　也就是說，人身上所具有的上帝的精神，即其本質，應透過教育在其身上得到發展與表現，並上升為覺悟，而人本身則應被提高到自由和自覺按照上帝的精神去指導自己生活的程度，自主展現上帝的精神。

　　教育與教學必然使人看到並認識、了解精神層面的與永恆的事物，構成自然本質並永久的顯現在自然界當中的東西，它應在活生生的相互作用中與教育訓練統一起來，用以表達和展現兩者之間的，即自然和人之間和各自內部受同一條法則制約的東西。

　　教育應引導人去了解自己及關於自己的一切事物，要與自然協調，與上帝一致；因而它應讓人認識自身及整個人類，認識上帝和自然，並實現由這種認識來決定的純潔的、神聖的生活。

　　然而，在所有的要求中，教育是以內部的、最本質的東西作為根據與基礎的。

　　一切內在的東西是以精神層面從外表展現出來，並透過外表被認知。事物與人的本質、精神可以從其外部表現加以認知。照此道理，所有的教育、教學、訓練和作為自由產物的全部生活，是與人及事物的外部表現彼此連結著的，並從外部出發對內部發揮作用，由外部也可以推斷內部的情況。然而儘管如此，教育也無法也不允許直接從外部推斷內部情況，因為事物的本質往往在某種關係上是只能反推的，不是由外部來推斷內部，而是從內部去推斷外部。所以，不能從自然當中的多

樣性推斷多樣性的本源也是多樣性，從而武斷的認為上帝具有多樣性，不能由上帝的統一性而推斷自然的終極性，而兩種情況其實都必須反過來推斷，由自然的多樣性推斷其最終本源──上帝是具有統一性的，由上帝的統一性推斷出自然發展是具有日益豐富的多樣性特點。

　　忽視以上真理而寧願違背這條真理來行事的人，就等於從孩子的幼兒和少年期就在從一定的表象直接推斷其內在本質，這是導致爭論與分歧的根本性原因，是生活及教育過程中時常犯錯的根本原因；對幼兒、少年的無數錯誤推斷，在父母與兒童間或來自一方或另一方的諸多誤解，對兒童眾多的不必要的抱怨、不適當的指責及愚蠢的期望，其根源主要在此。因此，這條真理的運用，對於父母、教育者而言是至關重要的，他們應全力爭取全面通曉這條真理的運用；這將會在父母與兒童、學生與教師的關係方面帶來目前無法獲得的明確性、可靠性及安穩性；因為外表看起來善良的兒童，其內心往往並不善良，也就是說，並非自發或出於對善的熱愛與讚賞才需要善的；同樣，外表粗暴、固執、任性，即看起來似乎不善的兒童，往往在內心中有著對善最熱心的、最強烈的追求；外表心不在焉的男孩在內心當中卻有著牢固而堅定的想法，只看外表並無法發現這種思想。

　　因此，固有的教育、教學和訓練模式，其最初的基本象徵必定是容忍的、順從的（只有保護性、防禦性的原則），而並非指示性的、絕對的及具有干預性的。

　　但教育本身也必然如此，因為沒有受到干擾的神性作用必

定是善的，除了善以外，根本不可能是其他屬性。因為年紀尚幼，還處於成長期的人，儘管還處於心智不成熟的狀態，然而就其本身而言，卻必然是追求至善的，他也能感覺到自身的一切稟賦、力量和手段，都是為了實現自己的目標而存在的。所以，小鴨子喜歡衝向池塘跳入水中，小雞卻喜歡用爪子刨地，而小燕子則可以在空中飛行，並不斷覓食而很少落到地面。對於前面所提到的反向推論及注重順應的真理，還有將真理在教育實踐中加以運用，無論何人反對與加以抨擊，它終將在年輕一代當中證明自己的正確性和真理性，並得到年輕一代的信賴與大規模實際運用。

單元 02
良好教育的規律及特性

我們為植物幼芽與動物寶寶的成長提供空間與時間，因為我們清楚，它（牠）們將按照所屬的物種個體發育規律良好的發育成長，人們為植物幼芽與動物寶寶提供安寧的環境，並力求避免以暴力干擾它（牠）們成長，因為人們知道，去做相反的事情會妨礙其完美發育與健康成長。但是，年幼的人會讓人覺得是一塊蠟或一團泥，可以將其隨意捏成任何形狀。漫遊花園與田野、草地及森林的人們啊，為何不打開自己的心扉去傾聽大自然以無聲的語言來教誨你們的東西。看看被你們稱為雜草，在壓力與強制下成長起來的，幾乎捉摸不到其內在規律的植物吧，在大自然當中，在田野與花圃中去看看它吧，看看它顯示出了何等有規律性的及在一切方面與外表上協調一致的，擁有純潔本質的生命吧，這生命猶如從大地上升起的太陽，猶如一顆璀璨的星星。那麼，父母們，你們的孩子在你們違背其本性，將你們過去的形式與使命強加於他們，導致他們病態而不自然的跟隨著你們行動的情況下，有可能完美的成長與全面發展為優秀的人嗎？

　　從人的完美性與健全性的角度來看，一切具有專斷、指示性，進行絕對的與富有干預性的訓練、教育和教學，必然會對孩子產生毀滅、阻礙與破壞性的作用。因此，為進一步接受大自然的教訓，葡萄藤應被修剪。但修剪本身不會讓葡萄藤長出葡萄，相反，不管原本的意圖多麼美好，假如園丁不能認真順應植物的本性，葡萄藤可能會由於修剪而被毀滅，至少會不能長出良好而眾多的果實。在對待其他生物方面，我們的做法往往是正確的，而在對待人本身的問題上，卻經常走上徹底錯誤

的道路，而且在兩者當中發揮作用的力量同出一源，服從於同一法則。因此，從這一觀點出發，對於人類而言，重視自然與觀察自然是極為重要的。

　　自然儘管很少能向我們展現那種未受損壞與更改的原始狀態，尤其是人本身的這種原始狀態，但正因為如此，就更需要在每個人身上假定這種狀態確實存在，直到相反的一面明確顯現出來為止，否則，即使未經損壞的原始狀態依舊健全存在著，也有可能遭到毀滅；但如果被教育的人的原始健全的內在屬性確實已被損壞，那麼就需要直接採取嚴厲的、強制性的教育。

　　另一方面，人的精神內在受損也並不總是能被確切的加以證明的，甚至時常是難以證明的，至少在損壞的產生，及其傾向的根源性而言確實是這樣。再說，關於這種情況，最終測試是否存在損害的試金石只在於人本身。因而，從這一觀點出發，教育、訓練及全部教學活動，與其是絕對的、具有指示性的，不如更應是容忍的、順應的，因為在純粹採用前一種教育方式的前提下，人類那種完美的發展，穩步與持久的進步趨向將會喪失，而喪失的這一切，其本質正是上帝精神在人的內部，並透過人的生活所展現出來的自由和自決，這種自由和自決就是所有教育和生活的目的與追求，也是人的命運。

　　因此，絕對的、強制性的與指示性的教育方式原本應該在人開始了解自身，父子之間、師生之間開始出現意見一致的情況，並有了共同的生活之後才開始，因為唯有這樣，真理才能從整體的本質與個人的本性當中被推導出來，並被人們所

認知。

　　指示性與干預性的教育，通常只有兩方面可取：或者，它有著明確、靈活的思想，不證自明的正確的見解；或者它屬於早已存在並得到廣泛承認的典範性的真理。但是，凡不證自明的靈活思想發揮支配作用並在其自身當中展現出真理的所在，在一定程度上，其永恆原則本身發揮著統治一切的作用。正因為如此，事情又應帶有容忍、順應的性質。因為靈活的思想、永恆的原則，即上帝的精神本身，要求並決定了人具有自由獨立性及自我決斷性。

　　但就算早已存在並獲得承認的最完美典範，獲得承認的生活之中的楷模，之所以能夠成為楷模，是僅就其本質與所追求的目的來說的，而絕非就其形式而言。如果從形式上將一切精神的主體的典範性作為楷模來接受，那便是極大的誤解。因此，一個通常的經驗是將那種外表的典範性作為榜樣來加以接受，會對人類產生阻礙性的，甚至是導致退化的，而並非是促進性的作用。因此，耶穌在其生活中與對人的教導當中，堅決反對固守外表的典範性。唯有在精神上追求積極向上的典範性，才應被當作榜樣來加以堅持，而外表的典範性，其形式應被拋棄。我們所知曉的最崇高、最完美的生活楷模應該這樣的：這種生活的存在、表現與生命力的根據，應顯而易見並活生生的來源於其本身，這種生活是自動而獨立的，透過永恆的條件，依據永恆的法則，從永恆的生命與創造當中產生的，而這個最為崇高、永恆的生活楷模要求每個人再次成為上帝樹立的永恆榜樣那樣的複製品，要求他再成為供自己及他人仿效的

楷模，要求每個人都能按照永恆法則，自由、自決的透過自主
選擇，從自身內部發展起來。這便是全部教育、訓練及教學的
任務及最終目的，而且必須是這樣去進行。也就是說，即使是
永恆的典範性，在其形式與要求上也必須是順應與容忍的。

　　典範性有著強制性的屬性，只有當相關責任者帶著孩子般
純潔的心靈或是帶有明確的，至少是初步的見識從心靈深處研
究了該要求的理由，理解或發自內心的相信該要求之後才有可
能做到。儘管典範性在此種情況下，透過實例或語言具備了強
制的性質，但這種強制性始終只與精神、生活相關聯，與形式
毫無關係。

　　所以，在良好的教育、規範的教學及正確的訓練當中，必
須也應由必然喚醒自由，法則喚醒自決，外來的約束喚醒內在
的自由意志，外來仇恨喚醒內在之愛。在仇恨當中產生仇恨，
法則就會衍生出欺騙與罪惡，壓迫會產生奴性，也就必然產生
盲從，在壓制否定一切、貶低一切，並使得人背負重擔普遍
化的地方，在嚴厲和刻薄引發反抗與虛偽的地方，任何教育、
訓練及教學的作用便會必然遭到破壞。為避免後一種可能，
並實現前一種可能，一切以規定的方式展現出來的東西必定要
順應學生的本性及需求。任何教育、訓練及教學，其出現儘管
必然有著絕對的性質，但直到每個細節都應具有無可爭辯、不
可抗拒的特徵，即受教育者嚴格的、不可避免的服從於一條永
遠發揮制約作用的法則，服從於絕對的及永恆的必然性，從而
排除任何的任意性，只有在這種條件下，良好的教育才能獲得
實施。

一切真正的教學活動和教育者，在任何時候，在其要求與決定中必然同時存在兩極性（doppelendig）[1] 與兩面性的特點：輸出的與輸入的，合併與分離的，指示性的與順應性的，積極性的與消極性的，束縛的與放任的，固定的與活動的，這對於學生而言，必然也是如此。但在教育者與受教育者、強求與服從之間，應有看不見的第三者發揮著制約作用，這個第三者應該有條件的、必然的出現，並非隨意的展現出的最佳與最正確的東西，這是教育者與受教育者應同樣並完全服從的第三者。

　　對於第三者的支配權的衷心承認、明確無誤的觀念以及真誠而切實的服從，特別應在教育者以及教師身上毫不動搖並純正的加以呈現出來，時常甚至應透過教師以及教育者加以堅定的、嚴肅認真的展現出來。在這一方面，兒童，也就是受教育者們，對於辨識教育者、教師以及父親所說的及所要求的全部，是否出於其個人的立場以及隨意脫口而出的，或者作為一種必然性透過他而被一般性的表達出來的，有其極為正確的態度與極為正確的感覺，因而兒童、受教育者及學生在這個問題上是很少會陷入盲目性的狀態的。因此，對於受教育者與教育者而言，同樣必須加以服從於一個永恆不變的第三者並受其支配，必須詳盡的展現在教育者與教師的每一項日常要求當中。

　　教學的一個重要而又具有必然性的、一般性的公式是：去做你應該去完成的事情，看看你的行動在這一特定關係當中會得出什麼結論，並使你獲得了何種認知；同樣的，適用於每一個人的每一個生活本身的格言是：將你的精神實質，即在你身

1　這裡的「兩極性」指具有「雙重目的」。

體當中活著的事物，你的生命，在外表並透過外表在行動當中純正的展現出來，看看你的本質到底需要哪些東西，它是怎樣的一些事物。耶穌自己就僅僅在這個格言當中並借助這條格言告誡人們應該去認知他的使命、他的本質以及生命的偉大，去認知其教導所蘊藏的真理性，因而這個格言是達到認知一切生活、一切生活的本源以及本質，乃至所有真理的至理名言。

　　這個格言也同樣解決並說明了如下這樣一個要求，從而同時提供了解決以實現這一要求為目的的方法。這要求便是：教育者及其所實施的教導，必須使個別與特殊都做到一般化，而使一般變得特殊與個別化，並且，這兩方面必須在其自然存在當中加以證明。他必須將外在的東西變為內在的東西，內在的東西變為外在的東西，並指出二者具有必然的統一性。他必須將有限的事物看成是無限的，把無限的事物看成是有限的，並使二者在生活當中和諧的統一起來。他必須在人的本質當中感知並觀察到上帝的本質，以及從上帝身上證實人類的本質，並力求在生活當中將二者彼此交融的表現出來。

　　這也就意味著，人從自身當中、從處於成長過程中的年輕人身上，還有從人類發展的歷史當中注意到的東西越多，在人的本質當中顯現出來的東西就越發明確與肯定，越發無可爭辯。

　　根據以上的道理，無限是在有限當中有所表現，永恆是在暫時當中有所表現，天上在塵世當中有所表現，透過人類身上原始的上帝本質的培育，達到上帝精神在人類身上並透過人以及在人的生活當中的表現，這從各方面來看是作為一切教育與

訓練的、一切教學的唯一的目的以及唯一的目標，而無可辯駁的顯現出來的。因此，必須從這一唯一正確的觀點出發，來看待他人，從他出生到世界上開始，就要用這種觀點去看待他，甚至像在瑪麗亞那裡一樣，從他的天使報喜日開始就要這樣去看待他，因而當他還沒有被人們所看見的時候，還在娘胎裡的時候，就要受到重視與刻意的培育。

單元 03
發展、訓練孩子的力量與精神

每一個人，就他的永恆不朽的本質、靈魂、精神而言，應該被作為正在並已經以人的形式顯現的上帝的精神，作為上帝的愛、親近以及仁慈的重要象徵，作為上帝對人世的恩賜，來看待與培育。最初的基督教徒就是如此看待自己的孩子的，這可以從他們替自己的孩子所起的名字當中管窺一二。

每個人在自己的童年時代就應被看作是人類的一個不可或缺的基本成員來看待、承認並加以培育，所以父母身為上帝為孩子指派的監護人，應感到並認知到自己對兒童以及對人類的重要責任。

在同等的程度上，父母還應將自己的孩子放到必要的連結當中，放在與人類發展的現在、過去乃至將來的明確關係以及活生生的連結當中加以考察並予以重視，並使得兒童的訓練和教育與人類和民族眼下的、過去的乃至未來的需求緊密連結在一起，協調一致起來。正由於具有上帝的、塵世間的以及人的特質的人，擁有上帝的、自然的以及人類的屬性，所以他應被看作是同時包含著一個統一體、一個個體以及一個具有多樣性的事物，同時還包含著現在、過去以及將來的事物加以考察、重視和對待。

所以，人與人之間的人性應被看作是一種外在的展現，而不能被看作是一種業已充分發展的、完全成型的，一種已然固定的、靜止的東西，而應被看作是一種歷經漫長演變，正在逐漸成長與發展著的，永遠是富有活力的東西，永遠朝著以無限性與永恆性為基礎特性的目標，從發展與訓練的一個階段走向另一個階段，不斷前進發展的東西。

　　那種將人類的發展與訓練教育看作是一種靜止的、完結的，似乎始終只是以更大的普遍性重複著的事物的觀點，是一種非常有害的觀點，因為按照這種觀點，兒童還有每一個後代都只是對前人的模仿物，是在表面上沒有生命力的簡單複製品，似乎是從某一個先輩模樣的模具當中熔鑄出來的，而不是對於在人類發展的全過程中，他所達到的那個發展階段而言，他又是為了人類世世代代的發展而被仿效的一個活生生的榜樣。固然人的後繼者的每一個世代與每一個個體都應經歷這一代之前的發展與訓練，否則，他就無法理解過去與現在，然而並非是簡單的模仿、複製、照抄，不是以這些死氣沉沉的途徑，而是採用主動的、自由的發展與訓練途徑來獲取知識與教訓，每一個個體都是獨一無二的。每一個人都應該自發與自由的將這種發展與訓練作為自己與他人的榜樣重新加以展現出來，因為，身為人類的一員與上帝的子女的每一個人的身上，都包含並表現著完整的人性，但它在每個人身上是以完全固有的、特殊的、個性的、獨一無二的方式被展現、被塑造出來的，並且應在每一個人身上都要以這種完全特殊的、獨一無二的方式被展現出來，藉此人們可以感知人類與上帝無限而永恆、豐富多彩的本質，並越來越清晰的認識到，也越來越生動的與肯定的感知到這類本質。

　　唯有堅持這種唯一而徹底的，有充分依據的，包羅萬象的關於人的認識，還有對人與人的本質的理解——在認真探索的模式下能夠進一步推導出對了解人的培育以及教育所必需的其他的所有知識——只有堅持這種對一個人從宣告其出生開

始的完整看法，正確的、真正的人的教育以及人的才能培育發展模式，才能真正開花結果，才能最終成熟。

由此能夠簡單、肯定、有把握的得出關於人在出生前後，其父母所應去做的一切：言行純正、鮮明，在自己身上應該充滿與滲透著生而為人的價值與尊嚴，將自己看作是天賦的保護者，使自己懂得人的使命以及命運，懂得實現其使命與命運的不同途徑及方法。如果說，作為這樣的兒童的命運在於協調一致的發展以及訓練，並受父母的本質、性格、智力水準與情感傾向（這些特質，就其素養與強度來說，可能對他們二者而言還僅僅是不知不覺的在身上存在著），那麼，身為上帝與自然的後裔的人類，其命運在於和諧一致的展現上帝及自然的本質、精神、塵世與天堂的精神、有限與無限的精神。正如身為家庭成員的一個兒童的命運在於協調、全面和明確的發展與表達其家庭的本質、精神氣質以及精神力量一樣，身為人類一員的個人，其命運也在於發展、訓練以及展現整個人類的本質、力量與氣質。

然而，儘管父母與家庭的本質還沒有被兒童與作為這樣的家庭的成員所認知，並且還絲毫不可能在他們身上扎根下來，也根本沒能被他們所感知到，但如果每一位兒童，即每一位家庭成員，最充分、最明確以及最全面的，並且以最獨特及最有個性的發展和表現自身的話，也就是最為明確與最完美的發展及展現了父母及家庭的本質。同樣，假如每一個人，每一個孩子最為獨特與最有個性的展現了自己，那麼，身為上帝兒女及人類成員的個體也已然展現上帝與人類的全部本質，儘管這種

本質還根本沒能得到普遍認知與承認，還根本沒有在其身上牢固扎根。如果人依照一切事物過去及現在的發展及其形成過程所依據的規律，即按照凡是存在與實在的、有創造者與創造物的、有上帝與自然的地方無所不在，全部發揮支配作用的規律，發展並訓練自己，如果每一個人在統一當中，即在自己的內部與外部，並透過自己來展現自己，展現其本質，在個別境遇下，在某些從他身上發生的個別事情上尤為明確與完美的展現自己，展現其本質，在多樣性中，在從他身上並透過他發生發展而來的一切事情當中，並透過這一切事情來展現他自己，展現其本質，那麼，上述要求也就可以得到實現了。唯有在這三方面，然而是在自身內部以及從屬於自己的單一的及多方面統一的表現當中，每一個人的內部本質才能獲得說明並顯露出來，才能被揭示，被公諸於眾。在事實上或是在認知當中，在理解層面和對事實的承認層面，缺少這三方面表現中的任一方面，那麼就是不完全的、不完善的表現，是一種有害處的理解。每一種事物只能以如此方式在其統一體當中，按照其本質全面的顯露和展現自己。每一個事物，假如其本質應被揭示與公開化，那麼，對它這三方面統一的展現的承認及運用，就只會導致對每一個事物的正確認知及對其本質的正確理解。因而，兒童從剛出生開始，人們就必須遵照其本質去理解他並正確對待他，讓他自由而又全面的運用自己的能力。不應該強調某些能力以及肢體的運用而犧牲其他能力，並妨礙這些能力與身體運動能力的發展。兒童既不該在某些方面受束縛與箝制，也不該在此後遭到控制。兒童應儘早學習發現自己所有的力與

肢體的重心與支點，學習在其中休息與不受干擾的進行活動，學習自由的進行活動與處理事情，以自己的雙手來攫取東西，以自己的雙腳站立並行走，以自身的雙眼去發現與洞察一切，均衡的並以同等力量使用自己的每一部分肢體。兒童應及早學習所有本領當中最為高尚與最難以掌握的部分，並及早加以應用並付諸實踐：能夠在任何偏離現象、干擾以及障礙的情況下，掌握好自己的生活軌道當中的中心與支點。

單元 04
給予孩子正面的引導與呵護

兒童最初的主要表現在於力量的表現，力的作用會引發反作用力，因而，兒童剛降生時就會出現最初的啼哭，他會朝著接觸到腳的東西踩去，會握住觸碰其小手的東西。此後不久，並與此同時，在兒童身上會出現共鳴，於是，他在舒適而溫暖的環境中，在明亮的光線照射下，在潔淨的新鮮空氣當中會露出微笑，有舒適感，能夠感到歡樂，會變得活潑起來。這是兒童乃至所有人類的最原始的自我意識的開端。所以，兒童乃至人類的生命的最初表現就是：安寧或不安寧，喜悅或痛苦，微笑或哭泣。安寧、喜悅與微笑標示著兒童感覺當中的一切與其本質，即人的本質是純潔的，與沒有受干擾的發展彼此適應的，與兒童的生活及作為一個兒童的生活彼此適應的東西；最初的教育措施、生活發展、生活提升還有生活表現必然與這些情感及這些情感的培育及保護連結起來。不安、痛苦以及哭泣的最初表現代表著與兒童的發展背道而馳的事物。教育也必須要順應人性與人的發展規律，然而是針對原因的以及消除根源的方式將其作用與這一切都連結在一起。應力求找出並消除這一方面的原因。在啼哭、不安與號叫的最初外在表現當中，幾乎僅僅是在其最初的表現裡，兒童無疑是不懂得任何倔強或是執拗的。然而，一旦這個幾乎還沒有真正作為一個人類出現的小生物感受到 —— 還無法指出以何種方式及在何種程度上感覺到 —— 因為任性，或是由於不注意或惰性，而放任了造成與帶來不安及痛苦的根源時，這種倔強與執拗便由此萌生了。一旦在兒童的身上彷彿接種了這類不幸的感覺，這個一切錯誤當中首要與最為可惡的錯誤也就隨之產生，甚至已經產生了讓

兒童及其周邊環境遭到毀滅性威脅的錯誤，這個錯誤除非危及人的其他良好天賦，幾乎是無法被消除的，並且，它會在不久之後便成為孕育虛偽、欺騙、固執、頑固以及其他一切後續的可悲、可恨錯誤的溫床。

但在走上其他的正確道路時，在採取的方式與方法方面也可能會犯下各種錯誤。人按其本質與命運應學會從忍受微小的、無關緊要的苦難逐漸過渡到忍受嚴重的，甚至是毀滅性的苦難與負擔。也就是說，如果父母以及周圍的人有著堅定與可靠的信念，傳遞給正在哭泣並處於不安當中的孩子某種東西，這種東西在當時或許是對這孩子而言是必須的，排除一切不利與可能不利於這個孩子的處境的任何東西，於是父母與周圍的人便能夠讓正在啼哭的、不安的，甚至是號啕的孩子很快安靜下來，冷靜的為他提供時間，讓他認識到自己的力量。因為，假如小孩子一次或是多次的因為假裝痛苦或因為輕微的不愉快或不舒服，就迫使他人做出同情與幫助的行為，那麼父母與周圍的人便逐漸失去了許多甚至一切幾乎無法透過暴力而重新獲得的東西；因為小孩對身邊的人的弱點有著極為敏銳的感覺及做出正確反應的能力，所以在他們身上天生具有力量的顯露，以及他人的弱點促使他們對這種力量更加熟練的予以掌握，比起他們在自身當中和在自己的容忍、忍耐及活動當中表現與訓練這種力量更為容易。

在這一發展階段當中，正處於成長期的人稱為嬰兒，這個名稱也完全符合這個詞原本的含義，因為直到此時，吸收幾乎

是嬰兒的唯一活動（他並非在吸收周圍的人的狀態嗎？），[2] 而以上講到的啼哭、微笑等表現，還完全停留在其自身內部，並且還是那種吸收活動的直接的，同時不可分割的作用。處於這一發展階段當中的人，只能從外界吸收與接受多種多樣的資訊，人不斷吸收事物，在這一方面來看，他的全部本質僅是其自己具有的眼睛，[3] 因而人在第一個發展階段對於其現在與將來的發展都具有無法比擬的重要意義。

對於人當前與未來的生活而言，極為重要的是人處於這一發展階段時一點也不應吸收病態的、低等的、庸俗的事物，一點也不應去吸收含糊不清，甚至是低劣的事物。因而他周圍的人的目光、面部表情必須是純潔、堅定與可靠的，應能夠激發與鼓勵其信任感；每一個環境本身應是純潔而明朗的：純潔的空氣、明亮的光線、清潔的房間，儘管這個房間當中的陳設通常也許是非常簡陋的。因為人時常幾乎無法透過自己的生活來消除他幼年時所吸收的事物，消除他少年時期留下來的深刻印象，正是因為其全部本質猶如一隻巨大的眼睛曾為此而張開，為此做出犧牲。人對自己進行的最為嚴酷的爭鬥，甚至他未來的最不幸與最困苦的命運都可以在這一發展階段當中找到其根

---

2 德語中，「嬰兒」（Saungling）和「吸收」、「吸吮」（Einsaugen）同屬一個詞根。因而，按福祿貝爾的說法，「嬰兒」一詞本身就帶有「吸收」的意思，所以說是符合詞的本來意思的。

3 德語中，「眼睛」（Auge）與「嬰兒」（Saugling）和「吸收」（Einsaugen）也具有同樣的詞根。這裡，作者透過文字遊戲的手法進一步強調嬰兒活動的特點在於透過感官吸收外界事物，而眼睛是在這方面發生作用的主要感官。

源，因而，嬰兒的撫育是極為重要的。那些孩子，有的曾經被母親親自哺育，有的未被母親親自哺育，那些母親對這兩類孩子日後在生活當中的表現曾進行過觀察，因此能對以上道理做出肯定的證明。同樣的，母親們也清楚，兒童最初的微笑象徵著兒童一生當中的一定時期內的發展階段，她們知道，這微笑假如談不上是具有更為深遠的意義的話，至少是最初的肉體層面的自我感覺的表達；因為兒童那種最初始的微笑，其根源不但在於肉體的一種自我感覺，或更確切的說，是肉體的一種自我感覺，而且首先是母親與孩子之間，隨後是父親與兄弟姐妹之間，最後是兄弟姐妹及其他人與兒童之間的更高的共同感情當中，也有這一時期的深遠影響。

　　這種首先將孩子與父母親、兄弟姐妹結合在一起的最初的共同情感是更高層面的精神上達成一致的基礎。與這種精神層面的一致連結在一起的是此後出現的一種無可質疑的感受，即父親、母親、兄弟姐妹以及人們感覺到與認知到自己與一個更高層次的原則，也就是說與人類、與上帝共同處於一個共同體與聯合體當中。這種共同感情是最初的萌芽，是一切真誠的宗教精神的開始，是為達到與永恆的精神、與上帝那不可阻擋的結合而做出的一切真誠努力的開端。真誠與真正的、鮮活的，在險境與爭鬥當中、壓力與苦難當中、喜悅與歡樂當中承受考驗的宗教必須要顧及嬰兒，因為存在並表現於有限當中的，即以人的形式存在與表現於外的上帝精神早已模糊的意識到自己源於上帝的精神，源於上帝，這種模糊的感覺，這種在一定程度上依舊處於朦朧狀態的意識，必須儘早在人的身上得到

培育、增強、滋長，使其在此後發展為完善的意識，並得到錘鍊。

因此，假如母親將小睡的孩子放到他那柔軟而又安全的臥榻上，同時以充滿感情的目光投向他與她共同的天父，以求得父親般的呵護與充滿愛意的關懷，這種舉動不但會讓靜觀的旁觀者受到觸動，而且會帶給孩子永遠的平安與幸福。

如果母親源於對天父感激的心情微笑著將安靜、歡快與微笑著的、已經睡醒的、彷彿上帝重新恩賜給她的孩子從臥榻上抱起，同時以歡樂與無聲感激的目光投向他與她的天父，因為天父賜予他們以安寧與活力，那麼，這一舉動不但讓人感動與愉快，而且對孩子整個現在與未來的生活都是非常重要與有益的。這種舉動對孩子與母親之間的全部共同生活具有極為可喜的影響。因而這位真誠的母親不願讓其他人把小睡的孩子放到臥榻上，將睡醒的孩子從臥榻上抱起。由母親如此撫育的孩子擁有人間、塵世與天堂的良好特質。祈禱能夠讓人安寧。人心根源於上帝而扎根於上帝，上帝便是一切展現於外的事物的最終支點與最初起點。

如果父母想讓孩子為其提供並使其獲得這個永不動搖、永不消失，作為生活當中最珍貴的裝備的支點，如果父母與孩子在靜悄悄的臥室或是在大自然當中感受到，並認識到自己在祈禱中，與他們的上帝和諧一致的話，那麼，他們在內心與外表的表現上都必然要達成一致。沒有人可以說：「兒童無法理解這一點。」因為這樣一來，便會徹底剝奪兒童心靈當中最美好的東西。兒童只要並非變得粗野，只要他們不是已與自己，

與他們的雙親變得明顯疏遠，那麼他們是能夠理解這一點的，或是將會理解這一點。他們並非透過觀念與在觀念上理解了這一點，而是透過內心與在他們的內心當中理解這一點。宗教精神，即在任何生活狀況與人的情緒狀況下，扎根於上帝精神當中，如果不是從人的童年開始就與人共同成長，那麼在以後便難以昇華為一種極為完善的、充滿活力的生活。同樣的道理，這種萌芽與培育起來的宗教精神，無論在生活當中遇到何等的衝擊與危險，必將獲勝。這是過去與最早時發生在父母身上的宗教精神的果實，儘管看起來兒童本身並沒有注意到它並去接受它。在任何情況下發生在父母身上的鮮活例子都是如此。

單元 05
將孩子的成長看作是連續的歷程

假如說人的發展都是要從一個點出發進而不斷前進，而作為不斷前進的發展應被人們所認知並始終得到重視，那麼，這一點不但關係到在人本身來訓練上帝精神本身，而且對於整個人的訓練都是極為重要的。因此，如果將人不斷前進的一系列發展的年歲劃分出明顯的界限，並造成截然的對立，從而完全忽視不斷的進步、關聯與生活的本質，那是極為有害的，對人的發展有阻礙作用，甚至會產生破壞的作用。非常有害的是，將嬰兒、幼兒、少年、少女、年輕男性、年輕女性、男人、女人、老人、老婦人等這些人的發展階段斷然割裂開來，而並非如生活表現的那樣，它們之間是沒有明顯的界線的，存在彼此過渡的過程，而且是不間斷的前進的；尤其是將幼兒、少兒看作是某種完全迥異於年輕男性及成年男子的人，看作是某種如此不同的事物，以致人這個共同的種族幾乎僅僅被模糊的反映在其概念、理解與詞語當中，幾乎完全不將其看作是在生活當中所存在的與為生活而出現的事物。然而在事實上確實是如此，因為如果注意到通常的言談及實際的生活狀況，就會發現幼兒與少兒的表現是截然不同的。特別是在後來的發展階段當中的人談論此前發展階段上的人，猶如在談論某種完全陌生的、與他們毫無半點相似的事物一樣。少兒在自己身上同樣再也看不見幼兒的特徵，在幼兒身上也無法看不到少兒的特徵。年輕人在自己身上再也看不到少兒與幼兒的特徵，而在少兒與幼兒的身上則看不到年輕人的特徵，他首先帶有排斥與輕視性的態度去看待他們。最有害的要素首先在於，尤其是成年男人最為明顯，他們在自己身上再也看不到嬰兒、幼兒、少兒與年

輕時代的特徵，根本看不到先前發展階段時自己的特徵，而在這些發展階段當中是感覺不到並看不到自己的存在，他寧可談論在本質上屬於完全迥異的性質的、具有完全迥異的性格與特質的幼兒、少兒和年輕人。

　　這種將人的各個發展階段截然對立起來，並人為的劃分明顯的界線的觀點，其根源在於沒能及早開始與不斷加強對人的發展的注意，並缺乏對自身生活的重視。這種觀點，會為人類的發展與進步帶來難以預料的不幸、阻礙與干擾，這是只能加以提醒，而無法進行詳細闡發的內容。需要說明的只有一點：只有罕見的內在力量才可以消除從外部對其施加影響的人所設置的界限，然而往往只能透過強制性的突破，透過一種強制性的、可以消除其他發展性質的，至少對這些發展可以產生干擾與阻止作用的行動來加以實現。因此，對於在某一發展階段當中會出現這種事情的人來說，為了他的整個人生，他的所有生活表現也應保留一些強制性的因素。假如父母將孩子與人的所有年齡階段及發展階段都連結在一起，而不越過某些階段，並非毫無考慮、毫不觀察、毫不重視這些階段的話，假如他們尤其注意到，每一個後續的階段都是以前一生命階段的強有力的、完全的和特有的發展作為基礎的話，那麼，從任何角度看來，事情的發展就將會完全是另外一個樣子了。父母時常容易忽略與輕視的一點便是：當一個人進入少年期，他們便認為他是個少年了，並將他當作少年來看待，當他到達青年期或是成年期時，他們便將他當作年輕人或是成年人來對待；但是，一個人未必因為在年齡上達到少年期就已經成為少年，到達青年

期就已經成為年輕人，而只有當他到達幼年與隨後的少年期時，他的智力、情感以及身體的要求都符合標準時，才會真正成為少年與年輕人；同樣的，一個人未必因為年齡到達成年期就一定能成為成年人，而只有當他真正符合其幼年期、少年期以及青年期的要求時才能成為真正意義上的成年人。另一方面，往往有一些極為明智與精明的雙親們，他們不但要求孩子表現出少年和年輕人的特點，而且還要求一個少年至少要表現得接近於成年人，要求他在各個方面都表現得猶如一個成年人一般，從而能夠越過少年與青年期。在幼兒與少年的身上能夠看到並注意到早期年輕人與成年人的萌芽、天賦以及縮影，完全不同於將其作為一個成年人來看待與對待，不同於要求他在幼年及少年時期就要以一個成年人的標準來表現自己，作為一個成年人去感受外界，去思考與行動。這樣來要求兒童的雙親都忽視並忘記了一點，正是因為他們幾乎總是在根據自己的本性，按照某種觀念，經歷了要求自己的孩子跳越了若干成長階段後，才成為精明的雙親的，而且肯定只能成為精明的人。

這種觀點，還有忽視與後續發展階段連結的先前發展階段，尤其是最早的發展階段，會為這些少年未來的教師以及教育者帶來幾乎無法克服的困難，因為在一方面，受這種條件制約的少年也會固執的認為，此前的發展階段的任何教育及訓練是完全可以無視和越過的，另一方面，假如在早期從其外部為他規定一個陌生的模仿與努力的目標，例如接受一定的職業訓練與一定的成人活動，那麼他將會遭到極為嚴重的損害與削弱。幼兒、少年，總之只要是人，除了在某一發展階段完全實

現該階段所提出的要求之外，不應有其他的奮鬥目標。於是，每一個後續的階段，會如新的幼芽一般，從一個健全的芽苞當中萌發出來，而他也將在每一個後續的階段當中，在同等的努力之下，直到該階段完滿終結，實現該階段所提出的全部要求，因為只有每一個先行的發展階段當中的人得到了充分發展，才能推動並引發每一個後續階段上的充分與完滿的發展。

這一點，特別是在發展及訓練創造產品的人類活動範疇內，對於培育職業活動以及勤奮的精神有著無法忽視的重要意義。

今天，人們對於勞動與勤奮，對於創造外部產品的活動以及開創事業的觀念無一例外是極為錯誤的觀念，是站不住腳、死板而又無法喚醒生命力與哺育生命的，更談不上孕育新的生命，因此是累贅的、壓抑人的，喪失了價值的，產生阻礙作用與呆板僵死的。

上帝不斷創造著萬物並發揮著作用。上帝的每一個思想便是一種事業、一種行動以及一種產品，上帝的每一個思想都將永恆的借助創造力來實現生產以及造物，無止境的將事業與行動創造性的發揚下去。誰如果還沒有明白這一點，那麼請觀察一下耶穌在其生活與事業當中是如何去做的，觀察一下真正的人在其生活與事業當中的表現，觀察一下——假如他在真正的生活——他自身的生活與事業。上帝的精神在無形與混沌狀態當中迴盪，並推動這種無形與混沌的狀態，因此石頭、植物、動物以及人獲得了一定的形式、形態、存在以及生命。上帝創造了人，也就是創造了其自身的摹本，他按照自身的形

象創造了人類，因而人應如上帝一般去進行創造與發揮作用。我們合乎事實的，有著典型意義的提起勞動與勤奮、活動與創造的偉大含義、深刻意義還有偉大的目標。我們透過刻苦與辛勞，透過工作與行動，伴隨以明確的思想，甚至是只有朦朧的預感，而且唯有伴隨以這類直接而活生生的感覺，使內在的事物在外部展現出來，給精神以載體，給思想以形態，為不明顯的東西帶來明顯性，給永恆的、永存於精神當中的事物以外表的、有限的及短暫的存在，從而達到真正與上帝相似，並透過這種與上帝的相似性，不斷昇華到對上帝的真正認識，上升到對上帝本質的認識，於是上帝就在內部與外部越來越接近我們。因此，對於這一關係，耶穌說：窮苦的人們只要領悟並認識這一點，透過刻苦和辛勤的勞動進行工作與創造，那麼，「天國會屬於窮苦的人們」，這話永遠是對的。天國也屬於兒童，因為只要沒有成年人自作聰明與神經錯亂般的干擾，他們會以兒童天真的信心沉湎於在自己身上發揮作用的創造與活動的衝動當中的。

那種認為人要從事勞動、工作、創造只是為了維繫其身體與軀殼，只是為了獲取麵包、房子與衣服的想法以及胡言亂語是極為卑微的，只適宜容忍，不宜傳播與進一步加以培育。人類進行創造活動，原本只是為了讓存在於內心當中精神層面的東西，上帝的本質，在他自身之外以一定的形式展現出來，這樣他就能夠認識其自身精神層面的、上帝所賦予的本質。他以此種方式獲得了麵包、房屋、衣服是第二序列的派生產物，是次要的附屬品。在這一點上，耶穌表示：你們首先要去追求天

國，也就是說，依照在你們的生活當中以及透過你們的生活表現的上帝精神去追尋天國，這樣，對你們而言，有限的生命除此之外，還需要其他一切都會自行解決。在這一方面，不從事辛勤勞作的田野當中的百合花之所以被上帝創造得比所羅門的豪宅更加華麗，因為百合花不正是長出葉子與綻放花朵，並以其全部的美麗來宣告上帝的存在並表現上帝的偉大功德嗎？在天空當中飛翔著的鳥，按照人們的看法，牠們既沒有播種又沒有勞動，但是當牠們在歌唱與築巢時，不是透過自己的每一種表現，透過千姿百態的舉動來展現上帝所給予牠們的精神以及生命嗎？所以上帝要去餵養牠們，呵護牠們。因此，人類應向田野當中的百合花學習，應向著天空當中的鳥兒學習，以始終依照地點、時間、職位與職業需求的方式。在其行動與工作當中，在形態與材料方面，從外部展現上帝所給予其的本質，無論這一過程中所要學習的東西此時是何等的渺小、不起眼或是何等意義重大。於是，他能夠出於生活需求的滿足而得以安居樂業。上帝將會為他指出無數條途徑，他在利用自身內部以及外部的精神力量方面，隨時能夠切實的找出一種方法、一種途徑，而當他可以滿足自己在塵世當中的需求時，便再也沒有過多的需求了。假如外部的各種力量一切都消失了，那麼這一切都在其內部依舊完好無缺，甚至在其內部發展起來的上帝的力量還會更為增強，可以透過忍耐來克服這一系列的欠缺。因為在有限當中展現出來的一切精神作用決定著時間順序，決定著時間的漸次性以及連續性，因而，當一個人在其生命的某一時刻當中，無論這一時間是近是遠，是早是遲，忽視了將自己的

力量作為一種上帝的力量在自身外部實現，或是將其生化為一項事業，或至少為了某一項事業與行動而進行進一步發展，那麼絕對必然與不可避免的在某一時間段當中會在他身上出現缺點，出現缺點的程度將相當於他忽略發展自身力量，並把其昇華為一項事業的程度。至少對他而言，在某一段時間當中，無法達到他所要達到的一切，而這一切，假如他始終能夠忠實履行自身天職、忠實的履行其職責的話，本來是可以達到的。因為按照我們的生活所遵循的塵世普遍有效的法則，那種被忽視了的活動，其成果出現的時間必然要到來。那麼，一旦活動與工作被忽略，其成果又怎能出現呢？人對於某一時間當中出現的各種缺點是沒有其他辦法加以克服的，除非發揮他的第二方面的精神力量，即想得開與能忍耐，使缺點得以自行消失，並盡其最大的熱忱，透過工作來避免日後出現任何類似的缺點。

因此，出生在這個世界上的，正處於成長期的年輕人需要儘早的對其給予從事外部工作與生產活動的訓練，因為這裡存在雙重的理由，即兩方面都必不可少的需求，一個內部要求與一個外部要求，由於前者將後者包含在內，所以前一個要求是最為重要與永恆的。這一點，也是人的本性的內在要求，嬰兒的感官與四肢的活動是其最初的萌芽，也是最初的身體活動，是蓓蕾，也是最初的求知慾的根源。遊戲、製造物品、製造模型是兒童最初的思想蓓蕾，這是人為了日後的辛勤、刻苦以及多種多樣的生產活動而必然要經歷的受教育時期。每個兒童，更進一步來說，每一個少年與年輕人，無論他們的地位與處境如何，應該每天至少拿出一或兩個小時用於生產一定的外部產

品，來作為自己真正的課外活動。今天的兒童，即通常所說的人，過多學習與從事形式過多的無目的的與不確定的活動，而所從事的切實的勞動太少，雖然透過勞動與在勞動的過程中學習、透過生活與從生活當中學習，要比任何方式的學習都更加深入與更容易被理解，雖然學習本身及其所獲得的成效要比任何其他方式都更能生動活潑的深入發展。兒童及其雙親往往輕視真正的勞動活動，將其看作是自己的損失，認為這種活動對他們未來的狀況是毫無影響、毫無意義的，所以教育與教學活動必然要將制止這種傾向來作為自己最為重要的任務。現在的家庭教育與學校教育正在將兒童引向遲鈍與懶惰。無限的人力無法得到發展，無限的人力正在遭受損失！在學校當中的現有教學學時數中，教師如果能夠引進真正的勞動課是非常有益的，而且必須切實做到這一點，因為人由於使用自己的人力不足，並只能按照外部的考慮來決定他人人力的使用，所以他喪失了衡量人力的內部與外部尺度，因而也就喪失了對人力的認識、尊重與評價，以及對人們誠心誠意信念的重視。

　　人力的發展、訓練與表現不僅表現在靜止的存在於人體內部的宗教精神上，也不只展現在向外發揮作用的勞動與實際操作當中，而且同時也要歸結到人力自身，立足於此，而在後一種情況下便是節制、適度與節約。除了指明這些要素以外，對於一個尚未完全變得與自己不一致的人而言，難道還有比這些更重要的東西嗎？勤勞和節制原本是不可分割的存在於精神世界內部的，彼此緊密結合的要素，它們在哪裡真正的緊密結合在一起，並協調一致的發揮作用，哪裡就會有塵世當中的天

堂，就會有和平、歡樂、幸福、恩惠與祝福。

　　正如能夠將兒童身上展現出來的人格看作是一個整體那樣，正如可以將人的生命與兒童身體擋在所表現的人的生命力看作是統一體那樣，兒童身上所展現的人的未來的全部活動能夠被視為人類活動的胚芽。人，為了讓自己及其人性得到完全徹底的發展，在兒童時期，我們就要在塵世關係的整體上，並完整統一的去看待孩子。但由於整個統一體是以局部展現出來的，整個全面性是以時間層面的前後連續性以及前後依次性展現出來的，所以世界與生活對於兒童而言，以及在兒童身上只是作為局部與在前後連續當中發展的。所以人的力量、天賦及其發展方向、四肢以及感官活動，是按照其本身在兒童身上顯現的必然次序發展出來的。

單元 06
訓練、發展嬰兒的感官

對一個剛剛降世的幼兒而言，眼前出現的外部世界是全新的，儘管這個世界總是由同一些事物按照同一類結構所組成，然而對幼兒來說，最初萬事萬物都處在迷霧般朦朧的、無形的黑暗以及雜亂無章的混沌狀態下的，甚至幼兒自身與外部世界也是彼此混合的，由那種虛空構成的。然後，來自這種虛空與被迷霧籠罩的事物，特別是透過父母或母親一面得來的，最早出現在幼兒和外部世界二者之間的，將這兩者分隔開而又把兩者連結起來的言語，往往以多樣性的形式，將其固有的獨特性質展現在幼兒面前，於是人，即幼兒，最後把自己也看作是一個具有一定獨特性的、完全不同於其他任何事物的客觀對象。所以，在人的心靈和精神世界當中，在人類的思想發展史上，在人類意識發展過程中，在兒童身上從他出生起直到最後作為一個個體意識到身居伊甸園，以及在這裡體驗到展現在他眼前的美麗大自然的奇妙為止，在這一全過程中所獲得的經驗裡，正如《聖經》裡向我們所講述的那樣，再現了萬物被創造及發展的歷史。同樣的，在每一位兒童身上，在此後的時間裡，按其本性會重複同樣的行為，這種行為象徵著道德的解放、人性解放的開始與理性發展的開端，象徵著全人類道德解放、人性解放的開始，以及全人類理性發展的開端，而且這種解放和理性，對爭取人類的自由而言，是必然的要素。從自身出發去認識、去捉摸、去洞察人類發展的整個歷史，直到追溯至當前的歷史階段，這一切，是每一顆心靈，特別是注重自身發展的人類個體的使命。為此，每一個人，凡是能夠做到這一點的，應被要求把他自己與別人的一生及早的和經常的作為一個繼續不

斷遵照上帝的法則發展的整體來認知與看待，並且每個人都應這樣來認識和看待自己和他人的一生。唯有按照這種方式，人類才能正確理解歷史，理解人類發展的規律，理解自身，理解自身發展的歷程、現象和事實，理解自己的心靈、性情和精神的發展過程。只有這樣，他才能理解他人，只有這樣，父母才能理解自己的孩子。

化內為外，化外為內，並尋求兩者的對立統一，這是表達人生命運的一般的外部形式。所以，人所接觸的每一個外部事物，都需要人們去具體認識它，從它的本質與它的關聯上去一步步認知與承認它。人具有感官，這即是得以實現這種要求的工具，它也充分和足夠的體現了「感官」一詞的含義，即「將外在資訊自發的轉為內部資訊」。[4]

但是，世界上的每一個事物，只有當人把它與它的對立物連結在一起，並發現它與對立物的統一性、一致性和同一性時，才能被充分認識，並且，對它與對立物的關聯和統一性的發現越多，對它的認識也就越發全面。

外部世界的事物往往以固體狀態為主，或以液體狀態為主，或主要以氣體狀態顯現在人的面前，與此相對應的，人天來具有感官來感知這些以不同狀態出現在眼前的事物。

同時，所有事物又是或以靜止狀態，或以運動狀態出現在

---

4 德語中，「眼睛」（Auge）與「嬰兒」（Saugling）和「吸收」（Einsaugen）也具有同樣的詞根。這裡，作者透過文字遊戲的手法進一步強調嬰兒活動的特點在於透過感官吸收外界事物，而眼睛是在這方面發生作用的主要感官。

我們面前的。與此相對應，每一種感官又分屬兩種完全不同的器官，一種主要產生認識靜止物體的作用，另一種主要產生認識運動物體的作用。比如對氣體的感知歸屬聽覺與視覺器官，對液體的感知歸屬味覺和嗅覺器官，對固體的感知歸屬感覺和觸覺器官。

按照透過對立事物來認識事物的規律，幼兒的聽覺器官率先得到發展。然後，透過聽覺和在聽覺的引導、制約、刺激下，視覺也得到進一步發展。透過幼兒身上這兩類感覺的發展，才使父母和周圍的人有可能在物體與它們的對立物之間、物體與言語之間，隨後是物體與符號之間建立起最為密切的連結，結合得嚴實合縫，猶如一個彼此交錯、重疊的共存物一樣，從而引導幼兒去觀察事物並進一步認知事物。

隨著感覺的不斷發展，幼兒身上又同時而富有規律性的發展大腦對身體及四肢的協調應用，而發展的順序又取決於其自身的性質與物質世界事物的特性。

外部世界的物體，或者本身在更多情況下是接近人的，是靜止的，因而需要人們以靜止的態度去對待它們。或者，它們在更多的情況下其實是運動著的，正在遠離的，因而需要人們去攫取、抓住它們，並緊緊掌握住它們。或者它們是與固定的、處於遠方的事物緊密相連的，因而要求因地制宜的採取適宜的辦法拉近彼此間的距離，並使它們逐漸完成向自己靠攏的過程。這樣，就在坐和臥、抓和握、步行和跳躍方面發展四肢的使用。直立是四肢和身體在整體上的運用，而且是最完美的整體運用，它意味著身體重心的完善掌控。身體的直立對於這

一階段具有重要意義，正如微笑和身體的自我發現對於前一階段的重要意義一樣，也正如道德和宗教上的獨立對於人格發展的最高階段的意義一樣。

　　在這一發展階段上，對於一個降世未久，身體人格都處於發育期的人來說，至關緊要的發展因素僅僅在於對其身體、感官、四肢的運用，僅僅是為了運用、應用與練習，而並不是為了達到特定的目的。運用的結果對他而言是完全無關緊要的，或者更確切的說，他還根本沒有預感到這一點。因此在這一階段開始，兒童遊戲必須是運用四肢進行的：綜合運用他的雙手、手指、嘴唇、舌頭、雙腳以及眼睛和面部表情來完成這些遊戲。

　　雖然在面部和身體的活動當中展現出來的這種表情及四肢遊戲，如剛才所說，一開始並非以內部特質在外部的表現作為基礎的，這種表現原本是在下一發展階段當中才會呈現出來的，然而這些遊戲作為兒童起初的表現應該注意並保護，以免兒童習慣缺乏任何內部基礎的身體層面，尤其是面部的活動，比如眼睛和嘴角的活動，以及在早期就出現的舉止和感情、身體和心靈、外在和內部的區分與隔閡，這種區分與隔閡會導致虛偽，或導致兒童形成一種在將來非意志力可以控制的、無法消除的身體動作與舉止，從而導致這個人終其一生始終猶如戴著假面具一般。

　　因而從幼兒時代早期起，就絕不准許在除他們以外無任何有活動能力的物體存在的情況下，讓他們長期獨自待在床上或搖籃裡，這樣做，對防止身體出現虛弱而言也是必要的要素，

因為身體的虛弱必然會導致心理上的脆弱與稚嫩。為避免這些後果的產生，幼兒的睡床也要從一開始就不要太過柔軟。幼兒的枕頭可以用乾草、海藻、細禾草、糠秕或馬鬃製成枕芯，但不能使用羽毛枕。幼兒睡眠時蓋的被子也應輕一些，確保空氣能夠流通。

為了避免前一種狀況，在幼兒入睡前，尤其是在醒來後，避免孩子孤獨的處於一個封閉空間內，在幼兒的視線內可以懸掛一隻不斷晃動的、內有一隻活潑的小鳥的鳥籠是很不錯的方式，這種辦法，能夠刺激幼兒的感官與精神活動，為其腦部發育帶來有益的幫助。

單元 07
提高幼兒的知識水準與素養

在感官、身體和四肢活動已經獲得一定的發育之後，兒童開始自動的向外展現其內在本質，嬰兒期也隨之結束，幼兒期隨後開始。在這個階段以前，人的內在還是一個沒有開始分化的、無多樣性的統一體。隨著學會說話，人的內在便開始了分化，即人的內在本質按方法和目的出現了多樣性。人的內在本質發生分化，並朝外釋放出來，力圖向外界表現自己，宣告自己的存在。人依靠自發的力量影響外部的事物，並透過外部事物，把自己內在的本質向外展現出來，塑造自身形象，而人的這種自發和獨立的發展，這種內在本質透過自身力量在外界事物自發表現出來的行為，也可以充分的用 Kind（幼兒）一詞來表達，K-in-d[5]，即象徵著人格進一步形成的發展階段。

隨著幼年期的到來，隨著人對外部事物的行為，及藉此表現出的內部本質逐漸展現出來，人們開始尋求兩者能夠和諧一致，即力求將兩者結合起來並使其統一的時期的到來，真正的教育便由此開始了。這時，儘管身體的發育速度有所減緩，但智力的培育速度卻由此加快了。但在這一時期，人格發育與個人教育還是完全被託付給父母和家庭，孩子與他們一起，構成一個就本質而言是完整而不可分割的統一體。因為作為表現手法的語言，此時僅僅被看作可以聽見的東西，說話在這一階段

5　作者再次採用了一種文字遊戲的方式，以說明「幼兒」（Kind）一詞所包含的深刻涵義。他把德文「kind」一詞劃分為三段，即 K-in-d，「K」此處理解為「力量」（Kraft），「in」理解為「內在本質」（das Lnnere），「d」理解為「表現」（Darstellung）。福祿貝爾在這裡要表達的完整內涵是：「透過自身力量自發表現出內在本質」（selbstandige Darstellung des Lnneren durch eigene Kraft）。

上還是一種緊緊圍繞人本身的行為。孩子還根本沒有認識到語言是一種特殊的行為。它像他的手臂、眼睛、舌頭一樣，與他合為一體，而他自己對於它還一無所知。

　　人雖然處於不同的教育和發展階段時，除了這些階段出現的必然順序（按照這個順序，較早的和最早出現的東西始終都是較重要的和最重要的東西），就它們重要性的高低程度來說，我們是無法準確確定其順序，每一個階段，就它的重要性與所處時間而言，都是同樣重要的，然而在人的幼兒期教育中，由於這一時期的教育本身包含著與周圍的人和外界事物的產生最初關聯並獲得進一步認知的作用和意義，並要求幼兒掌握周圍外在事物的本質，這是教育的最初出發點，因而是十分重要的。這一階段之所以重要，是因為這一時期對於一個正在發展中的人來說是極度關鍵的，即在幼兒看來，外部世界是否表現為一種高貴的或不高貴的事物，表現為一種卑微的、死氣沉沉的事物，一件僅供使用、消耗和毀滅的東西，供別人玩賞的東西，或表現為自身的目的，表現為一種高尚的和有生命的東西，一種有精神、有靈魂和神聖的東西；它是否表現出純潔的或汙濁的本質，表現出富有莊嚴的事物或是一種低賤的、壓迫他人的事物；幼兒是否可以按正確的關係或錯誤的、曲解的關係來看待和認識周圍事物。所以，處於這一發展階段的兒童，應該正確的和確切的看待一切事物，應當正確而確切的、純正的描繪一切事物，無論就事物本身而言，還是按其本質和特性而言，都應當這樣加以對待。幼兒應該正確的描繪物體與空間、時間的關係，以及物體彼此之間的關聯，用恰當的名稱

和詞彙來表達每一類事物、每一個詞語本身，按照其音調、詞根、詞尾等組成部分加以清晰、純正的運用。由於人處於這一階段時，要求幼兒清楚、正確的描繪周圍的一切事物，因此就要求大人們要將周圍的一切事物正確、清楚的展示在孩子面前，這是成功教育孩子的大前提。對於進行語言表達的兒童來說，語言和語言符號與要描繪的對象是一體的，即他還無法把詞語與事物分開，正如他還無法把身體與精神、肉體與靈魂分開一樣。它們對他而言還是同一的東西。兒童在這一時期的遊戲可以證明這一點。兒童在遊戲中，只要他能夠說話，就非常努力的用語言來表現自己。遊戲和說話是兒童此時生活的要素，因此，處在這一發展階段的兒童，將所有事物都看成是富有生命、感情和言語能力的，並相信所有事物都在聽他講話。這正是因為兒童開始將自身的內在本質朝外表現，所以在他眼中，他周圍的一切事物也可以進行與自己相同的活動，無論這事物是石頭還是木材，還是動物或植物，都是如此。

這樣，對於處於此發展階段的兒童而言，正如他的生活本身得到發展，他與父母和家庭的生活得到發展，他與一種崇高而無形的自然力量共處，並使自身得到發展，特別是他在—— 正如他所感受到的那樣 —— 日常生活當中所學到的知識水準與個人素養也得到了發展。這一時期特別應該依靠遊戲來加強兒童教育，透過兒童遊戲來實現成功育人，而這種遊戲在最初僅僅是自然生活的一部分。

遊戲是兒童身心發展的重要方式、這一時期人的發展要想達到最高階段即必須依靠遊戲，因為它是人類內在本質的自發

外在表現，是內在本質出於本身的必要性與必要的外在表現，「遊戲」一詞本身就說明了其本質與重要性。遊戲是人在此階段中最純潔的精神產物，同時是人的整個生活、人與一切外在事物內部隱藏著的自然生活屬性的樣品和複製品。所以遊戲能夠帶給人歡樂、自由、滿足感，讓人的內部和外在都活得平靜，與周圍環境和平相處。一切善的根源在於它、源自它、得益於它。一個能幹、平心靜氣、堅韌不拔、直到身體疲勞為止始終堅持遊戲的兒童，也必然會成為一個能幹的、平心靜氣的、堅韌不拔的、能夠不惜自我犧牲來增進他人和自身幸福的人。一個專注於遊戲的兒童，一個全神貫注的投入遊戲之中的兒童不正是這一成長過程中最完美的表現嗎？

　　前面已經提過，這一時期的遊戲並非是無關緊要的，它具有高度的嚴肅性及極為深刻的現實意義。培養它、哺育它吧，母親！保護它，關心它吧，父親！用真正體悟人類本性的平靜而敏銳的眼光去觀察審視遊戲吧，在這一時期兒童自發選擇的遊戲裡，可以暗示他未來的內心生活。這一年齡階段的各種遊戲是對孩子整個未來生活的預演與暗示其未來發展的胚芽，因為一個人最基礎而核心的特質和最內在的思想正是在遊戲中得到發展和表現的。人的整個未來生活，直到他即將離世之刻，其整個發展源流主要取決於這一生命階段，不管人的未來生活是純潔的還是汙濁的，是溫和的，還是粗暴的，是平靜的，還是充滿波折的，是勤勞的，還是懶惰的，是功績卓著的，還是碌碌無為的，是遲鈍而顯得優柔寡斷的，還是敏銳而獨闢蹊徑的，是麻木不仁，還是富有遠見卓識的，是擁有建設性的，還

是破壞性十足的，是與他人和睦共處的，還是生性好鬥的，是習慣惹事生非的，還是能與他人打成一片的。他將來對雙親、家庭和兄弟姐妹的關係，對社會和人類、自然與上帝的關係，按照兒童固有的和天然的稟賦，主要由他處在幼兒期時的生活方式決定。處於這一年齡階段的兒童幾乎不知道哪一種事物對他更親切——是花呢，還是自己面對花感到的歡樂，還是當他把花朵帶給母親，母親露出笑容時給予他們的歡樂。誰能分析出這一年齡階段的兒童究竟有多少種方式能夠感受到歡樂呢？假如兒童在這一年齡階段遭受損害，假如孩子的未來生命之樹的胚芽遭受損害，那麼他必須付出最大的艱辛和努力才能在將來成長為強健而身心健康的人，必須克服重重的困難，在其朝著正確的人生方向發展的道路上，避免這類損害所造成的人生畸形發展，或至少防止這種損害所造成的錯誤思想與精神障礙。

單元 08
正確養育孩子，引導幼兒認識外界

在幼年時期的這幾年裡，兒童的飲食是極為重要的，它不僅對兒童當前的發展與生活來說是重要的，而且對未來的整個人生都是至關重要的，因為兒童可以透過進食影響其未來的人格與性格傾向。所以兒童在斷奶之後直接進食的最初食物應簡單而適度，應該是不超出絕對必要限度之外的人工的與精製食物，尤其不要用過多的香料來刺激孩子的食欲，也不要太油膩，以免阻礙臟器的活動。

父母和保姆們應永遠告誡自己要遵循的普遍育兒真理是：提供適合兒童成長發育的必要物質基礎與未來教育素材，這樣孩子未來將更為幸福，更為強健，同時，無論從哪一方面來說，都將真正的發揮自身的創造力。難道有人從未發現過度的香料添加和過量的飲食供應會導致兒童長期陷入食欲不振的狀態嗎？兒童的食欲有時會減退，然而這僅僅是處於受抑制的狀態而已，一有機會，便會明顯的表現出來，並剝奪人的一切尊嚴，強制他放棄義務。父母們如果想到，這不僅關係到將來多少個人的幸福，而且也關係到家庭乃至家族的幸福，甚至關係到一般社會公民的幸福，那麼他們或許會為自己的孩子提供截然不同的食物。但很多對於教育子女非常蒙昧的父母，我們看到他們遞給孩子的是各種形式和各種性質的毒品，有粗糙的，有精緻的。他們只想著提供過多的食品，只管讓孩子吃個夠，卻不讓孩子去充分消化這些食物，最終導致孩子的身體受到損害和削弱。這類父母認為怠惰和懶散是兒童應該享受的休息，只是對兒童健康成長的莫大阻礙。

人類安寧、幸福和健康的增進和促成，其實並不複雜。我

們都有簡單的、伸手可及的方法可以運用，但我們卻對它們視而不見。或許我們已經看到了它們，卻不重視它們。由於它們簡單、自然、易於應用並近在咫尺，我們就認為它們微不足道，甚至是可鄙的。然而，因為我們必須依靠自己來使孩子的頭腦變得越發精明，擁有卓越的見解和透澈的洞察力，讓他們完全而充分的得到應有的教育，而這主要取決於我們在孩子的幼年時期給予他們哪怕僅僅是一點點的微小的關心。

能否使每一對新婚夫婦從這些慘痛的經驗和現象中吸取教訓並絕不重蹈覆轍呢？能否利用這些慘痛的經驗將貌似簡單而無足輕重的起因，與將來導致兒童教育大為失敗的後果連結在一起，提醒他們要注意哪些事情呢？為了獲得這一點慘痛的經驗，教育者必須做出千百次的努力，否則對這種慘痛經驗的認識也難以幫助他在未來的生活中力挽狂瀾，將有害的因素扼殺在萌芽狀態。

然而要避免錯誤是簡單的，要找到正確的做法也並不困難，飲食必須適量，不應為吃而吃，進食的唯一目的是促進體力和智力發展及活動；更不要把飲食的特色，即口味和精美程度作為進食的目的本身，它僅僅是為了補充良好、清潔和有益健康的營養品這個目的所決定的手法而已。否則，飲食反而會破壞健康。因而兒童的食物應盡量簡單而健康，以能夠維持兒童生活所需，使其體力和智力達到應有程度的發展為宜。

為了使兒童在此階段在智力、身體能不受限制的活動和遊戲、發育及發展，他的衣服不應讓他感到束縛、禁錮，因為這樣也會同樣束縛、禁錮人的精神。在這一年齡階段和以後的各

階段裡，不能讓孩子穿著破損的衣服，因為衣服對兒童來說，會間接影響其精神與心靈。衣服的樣式、顏色、形狀本身不應作為穿著的目的，否則，衣服會使孩子很早就過分注意自己的外表，使他變為空虛的、輕浮的人，像一個布娃娃多過像一個孩子，變成木偶而不是一個真正的人。因而，衣服的選擇對於兒童來說，絕非無關緊要，保持整潔即可。

因此，在家庭的範圍之內，父母撫養教育子女的內容及目的便是喚醒、激發並進一步發展孩子的全部潛力與特質，培養人的四肢及一切器官的運作能力，滿足其特質及力量的各類要求。母親出於自身天性，在沒有絲毫指導與要求的情況下，在沒有經過絲毫學習的情況下本能而自發的做出所有撫育孩子的行為。然而只是如此依舊不夠，她必須將孩子看作是一種已經有自主意識的生物，要想對一種正處於覺悟過程中的生物產生影響，有意識的引導孩子實現自我的不斷發展，在自己與孩子之間在某種程度上建立內心之間鮮活的自覺連結。

因此，我希望在向各位母親們指出其對教育孩子發揮的重要作用的同時，能讓她們認識到兒童教育的實質、意義及與其他事物的關係。毫無疑問，思想單純，但是有勤於思考的頭腦的母親，可以將這一點做得更加正確、完美而深刻。然而人是必然要經過從不完善到完善的過程。所以，我希望以上說到的一切可以喚起父母的真誠和冷靜的、考慮周到和合乎理性的愛，並將孩子幼年的發展過程完整的呈現在我們面前。

「把小手臂伸給我！」「你的小手手放在哪裡？」—— 一位正教育孩子的母親力圖讓孩子清楚並想像自己的身體所具有的

多樣性，以及其四肢的差異性。「輕輕咬一下你的小手指頭。」
這是一位富有思想、天真的逗弄孩子的母親發自內心的一種自
然感情並由此恰當的引發的行為，它將引導孩子觀察並認識一
個在自身之外，而又與自己密不可分的對象，引導孩子學會對
如今接受啟蒙的最初現象所顯示的未來進行思考。母親以愉快
的做遊戲、逗弄的方式來引導孩子去認知自己未曾見過和觀察
過的鼻子、耳朵、舌頭、牙齒等身體部位同樣是重要的。母親
輕輕的拉拉孩子的鼻子或耳朵，好像要將它從頭上、從臉部拉
下來一般，並讓他看看自己半隱藏的指尖說：「耳朵在這裡，
鼻子在這裡。」於是，幼兒開始用手撫摸自己的耳朵和鼻子，
內心充滿歡樂，隨後綻放笑容，因為他感到有兩樣東西依舊處
於原位。母親的這一行動是用最簡單的形式引導並激勵幼兒有
朝一日能夠達到了解一切的程度，儘管他還無法從外表上觀察
到這一切。所有這一切，目的是讓幼兒有朝一日可以意識到自
身，能夠對自己、對世界進行思考。正如一個十歲的正在接受
教育的兒童同樣會處於自然的感情自以為不惹人注意的自言自
語道：「我並非我的手臂，我也並非我的耳朵！我可以將我的
四肢與一切感官與我自己剝離開，我永遠是自己。那麼，我到
底是誰呢？我稱之為『我』的個體到底是什麼呢？」母愛可以
將同樣的精神繼續傳達出去，她可以說：「將你的小舌頭指給
我看一看。」「把你的小牙齒指給我看一看。」「用你的小牙齒
咬住它。」這樣能夠引導幼兒立即應用這些東西。「把小腳腳
伸進去（襪子、鞋子裡）。」「這（指襪子、鞋子）裡面是小腳
腳。」這樣，母親的天性與愛就能將孩子狹小的外部世界從整

體到局部、由近及遠的逐漸展現在孩子面前。並且，正如她用這種方式將外界的事物本身及其空間關係展示給孩子一樣，不久她也會幫助孩子逐漸懂得這些事物的基本特徵，當然，首先是它們的實際作用，隨後是其靜止的狀態。母親說：「火焰正在燃燒。」同時把幼兒的手指輕輕接近蠟燭，使他可以略微感到蠟燭的光和熱，同時不讓他被燙到，以防他由於無知而遭燒傷。或者母親說：「刀子會割傷人。」同時把刀刃輕輕的放在孩子的手指表面。或者說：「湯會燙嘴。」隨後，母親才似乎要讓孩子明白事物的這種永恆不變的性質或其原因，說道：「湯是熱的，會燙到嘴。」「刀子是尖而鋒利的，會割傷人、扎傷人，要把它放下。」母親從認知事物的作用開始，引導孩子意識到事物的固有屬性，認識事物的鋒利、尖銳等穩定的性質，此後再從認識物質穩定的性質把孩子直接引導到認識刺、割等動作的作用，而不需要親自去經歷這種事。接下來，母親引導幼兒親自感受自己的行動，然後再觀察自身的行動。這位在自己的全部行動裡始終如一的將言語與行動結合，對幼兒進行細膩教育的母親，當幼兒該進食時會告訴他：「張開小嘴。」在洗臉時說：「把小眼睛閉上。」或者，母親為了讓孩子知道他自己行動的目標，當她把孩子放到小床上時，她會說：「睡吧，睡吧。」或者，當她將湯匙靠近幼兒的嘴巴時會說：「吃吧，孩子。」為了讓幼兒意識到食物對味蕾和舌部神經的影響，注意到食物與飢飽感之間的關係，她會說：「這味道真好。」為了讓幼兒注意花的香味，母親有意做出嗅聞的動作並發出響聲，說道：「這東西真的很香。來聞聞，孩子。」或者與此相反，她帶

著略顯嫌惡的表情將鼻子和臉避開花朵。這樣，這位純樸的母親，為了不讓世俗的目光褻瀆了這個神聖的孩子，幾乎羞怯的偷偷把孩子隱藏起來，盡力以最為自然的方式讓其四肢與所有感官得到充分活動。可惜因為我們自作聰明而忽視了全人類發展歷程中的這一自然與神聖的起點，我們由於無法觀測人類發展的起點或終點，以致也無法看清人類發展歷程的正確方向，因而手足無措。喪失了上帝和自然的指導，我們必然求助於人類自身的聰明才智。我們想要說明的是，在所謂有教養的家庭當中的育兒室裡，那些長於世故的人幾乎不相信兒童已經具有某些特質，這些特質必須及早加以發展，只有這樣，兒童才能成功的成長。這些人還很少能明白，兒童有朝一日會展現出一切特質，儘管目前還難以察覺，在他的身上已然存在著這些特質的根基，並且這些特質只能在兒童內心深處發展。因此，這裡的一切看起來是那樣死氣沉沉而冷酷，或者充其量來說，是多麼刺耳的哭喊與喧鬧聲！讓我們看看與聽聽，在育兒室裡，母親是怎樣把運動當中的事物展示給孩子的：「聽！小鳥在唱歌。」「狗在叫『汪汪』！」然後直接從言語表達轉換到名稱，從發展聽覺轉為發展視覺：「唧唧喳喳的叫著的小鳥在哪裡？」汪汪在哪裡？」母親甚至把孩子從對事物及其性質彼此結合進行觀察，到只是對事物的性質本身加以觀察，母親首先指著正在高飛的鳥說：「鳥兒在飛。」而後又指著流淌的河流或鏡子反射的正在動的光點對孩子說：「看，小鳥。」然後，為了能讓孩子知道這是一個非生物性的現象，它與鳥的共同點只是它是活動的，這位母親說：「捉住那隻小鳥。」同時要求孩子用自己的

小手把光點擋住。或者，為了讓孩子觀察運動本身的特質，母親讓某種東西做鐘擺運動，說：「嘀、嗒，嘀、嗒。」或者說：「來、去，來、去。」

同樣的，母親為了讓孩子能夠注意到物體的變化，她可以指著蠟燭說：「這是光亮，」然後將蠟燭拿走並說：「光亮離去了。」或者說：「爸爸過來了。」「爸爸離開了。」或者為了讓孩子關注事物本身的運動，說：「小貓來，來到寶寶身邊。」「小貓跑開了。」為了激發孩子身體與四肢部位的活動，她說：「抓住這朵花。」「抱住貓咪。」或者，母親拿一個球慢慢滾動，說：「把球拿住。」

包容所有的母愛嘗試激發幼兒與父親及兄弟姐妹間極為重要的情感，並讓幼兒清楚這種感情，她說：「摸摸可愛的爸爸。」或者她撫摸著孩子的手，把它拉到父親的臉龐上，說：「噢！這是親愛的爸爸。」或者說：「摸摸姐姐。」並說「噢，噢！親愛的姐姐」等等。

除了極為美好的事物由此發展起來的那種共同情感本身之外，包容一切的母愛還試圖透過動作（這是極重要的），透過有規律、有節奏，並富有韻律性的動作，透過對她手中抱著的幼兒的愛撫，透過按有韻律、有節拍的聲音發出的有韻律、有節拍的動作讓孩子感受自身生命力的存在。這位真誠的而富有自然天性的母親就這樣從各個方面小心的迎合著存在於孩子不同層面的生命力和天然特性，強化它，喚醒這個深層意識還暫且處於沉睡狀態的生命，並使它得到長足的發展。而另外一些人則將孩子看作是完全空虛的東西，認為必然把生命從外部直接

灌輸給他，並按照他們所空想的那個樣子，使孩子真的成為空虛的東西，使他的內在生命力被暗中扼殺。於是作為訓練語言與聲調的手法的那種極為單純與自然的導致人的一切生活展現出來的節奏和有規律結合的手法，而使得兒童內在意識與人格得以逐步發展起來的東西，也會因此而喪失，因為很少有人意識到它的不凡意義。重視它並按照人的生命本質去發展它，並把人的進一步發展與訓練與之連結起來的人則更加鳳毛麟角。

儘管如此，有節奏、有規律的動作幫助孩子擁有完美的早期發展，對於一個孩子的一生無論是從近期的發展，還是長遠的規畫的角度來看都大有裨益。如果父母與老師在對孩子的早期教育中，很早就中斷了有節奏而合乎規律的教育模式，將會為教育工作者的後期教育帶來很大的障礙與損失，而作為受教育者的學生蒙受的損失則更加龐大。兒童是比較容易理解符合自然規律、適度的生活。許多為所欲為、不適當的而粗暴的東西很容易從生活中、從行為中消失，而代之以更多自制、協調的事物。同時，這樣的生活與教導也有助於日後幫助培養孩子對自然和藝術、音樂、詩歌的鑑賞力。

單元 09
培養幼兒各方面的潛質

即使是還非常幼小的，尤其是處於睡眠狀態的孩子的咿啞學唱也逃不過細心而覺察力極強的母親的注意，並可能被保育員作為未來音調與歌唱技巧發展的最初萌芽，而給予孩子更大程度的重視並針對其天賦引導其未來發展，這樣，無疑在這方面將會像說話一樣，展現出兒童的主動性。在說話方面，在得到相當的發展與以後逐漸顯現出來的優秀語言能力的情況下，那些描摹尚未被發現的性質的新概念、獨特的連結和關聯的詞彙似乎會自然而然的被兒童所掌握。例如一個年紀幼小、孩子氣十足並得到母親引導的女孩，在長時間觸摸和仔細觀察覆蓋著濃密而柔軟的細毛的某種植物葉片後，高興的對母親喊道：「啊，毛真多！」母親卻意識不到她曾指示孩子去注意具有此類性質的事物。類似的情況還有這個孩子在一個星光璀璨的夜晚看到天空中有兩顆光輝奪目的星星距離很近，她會為此興高采烈的喊道：「父母星！」而母親卻根本不知道，這種運用在星星方面的聯想，在孩子的頭腦當中是如何被激發出來的。

教幼兒站立與行走時，我們不應借助拐杖與牽引繩。當孩子具備獨立站立和獨立保持平衡的能力時，他自己會站立起來的，當他能夠獨立的向前移動身體並依靠自己的力量保持平衡時，他自己就會開始行走。他不應在能坐起來、坐直並借助他身邊的突起物，幫助自己站立起來之前就開始嘗試站立。他不應在能爬行、自由站起來、自己保持平衡，在此情況下向前邁步之前就開始嘗試行走。首先要求他做到在離母親有一定距離的地方自由的站立起來，再回到母親跟前。不久，幼兒就會感覺自己的腿有了力量，他對這種力量感到發自內心的喜悅，

並像過去學會站起來一樣，樂於重複行走這一新學會的技藝，他不知不覺間不斷練習這一技藝。又過了一段不長的時間，如今吸引他的是光滑而美麗的小石子，令人眼花繚亂的五顏六色的小紙片，光滑而勻稱的三角形及正方形的小木板及小木塊，矩形的、彼此重疊又相互交叉的搭接在一起的小木塊，以其形狀、顏色、光澤、組合彰顯其特徵的樹葉，他嘗試著透過剛剛學會的四肢運動去接近並獲得這些東西，把同一種類的事物放在一起，把不同種類的分隔開來。請看那邊那一位幾乎還無法站直身子，因而只會小心翼翼的緩慢邁步的幼兒，他看到一根樹枝、一根稻草，費力的接近它們，並將其拿過來，彷彿春天裡，幼鳥將自己往鳥巢裡挪動一樣。請看那邊屋簷下的那個孩子，他正吃力的彎著身體緩慢朝前移動。從屋頂上流下的強有力的雨水沖刷了自泥土與沙礫中露頭的光滑的小石子，而孩子注意這一切的目光把它們作為日後用於修建未來建築的材料收集在一起。難道他做得不對嗎？難道不正是這樣嗎？難道這個孩子不是在為他未來生活裡的建築、生命的大廈而搜集磚瓦嗎？在這裡，同一類的東西被搜集在一起，不同種類的東西被分隔開。而且，並非將粗糙的東西集中到一起，而只是把脫離了毛坯狀態的東西搜集在一起。

要保證建築物堅固，就必須熟悉每一類材料的名稱與特性，還要對其用途有深入的認識，幼兒那種天真、冷靜而又孜孜不倦的探索顯示他渴求做到這一步的心理。我們說他天真，因為我們還不能理解他，因為我們的感官沒有完全傾注在孩子身上，並缺少對孩子的同情。由於我們是這樣遲鈍，所以兒

童的生活對我們而言是毫無生氣的。既然我們無法替自己解釋兒童生活的意義，我們怎能向兒童解釋清楚他們想知道的東西呢？然而這一點恰恰是兒童渴望我們能夠去做到的。兒童生活中的各類事物在我們毫不知情的情況下，我們如何用語言對此加以說明呢，而這一點恰恰是兒童內心中有著強烈渴望的東西，在這種渴望的驅使下，兒童以其緊握的小手將自己的發現帶給我們，把它放在我們眼前。事物可以說就是這樣必然會自行的使它變得明瞭的。凡進入幼兒還較為狹小的視野與使他尚顯狹小的世界得到拓展的東西，都能夠讓他歡喜，對他而言，就算是最微小的東西也是新的發現。但這些東西不應在無生命的狀態下進入孩子那狹小的世界裡，並就此停留在那裡，否則會讓他那狹小的視野變得暗淡無光，使得這個年輕的世界瀕臨崩潰。因此，幼兒自己也希望明白，為什麼這些東西使他歡喜，他希望了解事物的所有特性及最內在的本質，以便有朝一日可以了解自己的喜好傾向。因而兒童從各方面對物體進行檢驗及觀察。因而他將它撕破。因而他把它放到嘴裡進行感受，把它咬碎，或至少也是嘗試著去咬碎它。我們喝斥、責罵孩子，認為它可惡而愚蠢，究竟是孩子不如我們一輩聰明呢？還是其他的原因？兒童想要認識事物的內在本質，這種本能非兒童的天性。被正確認識與正確引導的那種試圖從上帝創造的萬物當中去認知上帝的本能驅策兒童去那樣做。

上帝給了兒童理解力、理智及語言能力，而周圍的長輩卻沒能去滿足和不能滿足兒童的這類迫切要求，那麼，他除了從事物本身去探究這種滿足外，還能夠並應當去哪裡尋求額外的

滿足呢？當然，被粉碎的東西依舊是不會說話的，然而在碎塊中並非率先顯示或是同一種類或是不同種類的部分嗎？那裡是被打碎的石子，這裡是被扯碎的花朵，這不已然是知識的擴大嗎？難道我們成年人還能夠以其他方式來增加自己的知識嗎？植物內部不是堅實的、空虛的或是含有木質結構的嗎？其橫斷面並非圓形的或是有稜角的嗎？並且在有稜角的狀況下，不是呈現三稜形、四稜形或是多菱形的嗎？兒童所做的一切，都是為了透過事物的外表去認識其內在本質，還有這類事物與自己的關聯，為了首先弄清楚他之所以喜愛、嚮往、迷戀這些事物的原因。而我們身為年長者，身為成年人，作為研究者的做法是否有差異呢？但是，這樣的事當教師在講臺上進行操作時，當教師從講臺上要求我們的孩子這樣去做時，在我們看來才具有實際的價值與意義，但在孩子自主做這些事的時候，我們卻熟視無睹。因此，就算是最優秀的教師進行通俗易懂的講解，有時也會對孩子產生不了作用，因為他們現在正在講臺前學的東西，原本是他們在幼年時期就已應該透過我們的解釋性的、啟發性的話語已經學習過的東西。孩子是樂於主動探索這個世界的，需要周圍的人特意提供給幼兒的東西其實並不多，幼年時代所需求的僅僅是對幼兒所做的、所看的、所發現的東西講解其性質，說出其名稱，並用言語加以表達。逐漸成長為少年的幼兒，其生活也變得越發豐富多彩，但是我們看不見；幼兒的生活是生動活潑的，但是我們感知不到；這種生活儘管與人類的使命和天職相呼應，但我們卻想像不到；我們不僅沒能保護、扶助、發展其生活的內在萌芽，卻任其被自身欲求的重荷

所壓垮、窒息，或者當他由於某方面的弱點而表現出不自然的不良傾向時，我們卻無動於衷，於是我們會在孩子的教育方面看到一種與我們稱之為植物不自然生長（Neid）和變態幼芽（Wasserschoß）類似的現象：這是將類似於植物幼芽的兒童，即人類的幼苗的力量與精力、欲望和本能朝著錯誤方向加以引導。這時我們也許會想把正處於成長期的由幼兒邁向他們所處的年齡階段的孩子往另一個方向引導，但已經太遲了，因為我們對於正在向少年期過渡的幼兒進行教育的深刻意義沒有深刻的認識，甚至認識是完全錯誤的，而採取相關挽救措施又太晚，就算想亡羊補牢也為時已晚。

瞧，那邊的那個孩子，為了對剛才發現的一塊小石子從其外在推斷其特性，把它放到他身邊的一塊木板上進行磨擦，終於發現其具有掉色的特性。這是一塊石灰或黏土，一塊赭石或白堊。瞧，他對於新發現的特性感到極其興高采烈，他正在忙碌的運用這一新發現的特性；木板的表面幾乎已經完全變了一個樣子。最初讓這孩子感到高興的是尚未被認知的特性，然後是改變了的木板的表面，一會變紅，一會又變白，一會再變黑，一會又變成了褐色；隨後讓他高興的是纏繞交織的、形狀變化多端的線條。這些線條狀促使兒童去關注周圍事物的線條與形狀。現在，人的大腦便成為圓形的東西，而圍繞成圓形線條則代表人的腦袋，與此相關聯的、橢圓形的、環繞一周的線條是軀幹；手臂和腿展現為直線或曲線，而這樣的線條在他看來便是手臂和腿；手指在他看來是若干線條匯集而成的一小部分，而這樣結合起來的線條，在這個富有創造性的孩子看來

便是手和手指，眼睛在他看來便是點，而點在他看來也就是眼睛。這樣，一個新世界就從裡到外的完整顯現在其面前；現在他開始理解了人力求表現的東西。

　　透過對線條的理解與展現，一個嶄新的世界就展現在了這個不久就要成長為少年的幼兒面前；他不但把外部世界縮小，使他的眼睛與感官更便於理解它；他不但能把作為回憶或新的連結存在於自身意識中的東西向外展現出來，而且能把一個嶄新的無形世界，即各種力量的世界直至細節層面都發掘出來。滾動著的與被滾動的圓球，被投擲和往下掉落的石塊，被堤壩攔住並分流入許多溝渠的水流使孩子懂得，以各種方式展現力的作用，它的方向始終是線狀的。事物透過線條的展現不久便可以讓孩子理解和表現力的作用方向。「這裡是一條小河正在流動。」孩子一面說，一面畫出一條表示小河流向的線條。孩子將在他看來代表著一棵樹的多個線條連結在一起：「這裡也長出了一根樹枝，這裡又長出一根樹枝。」說著，他從樹幹上畫出一些代表樹枝的線條。孩子意味深長的說：「這裡又飛來一隻鳥。」並同時按照設想當中的鳥飛翔的方向畫出了一條飛行曲線，假如你們遞給孩子一根粉筆，不久在他與你們面前便出現一副新的作品。如果父親也依靠稀稀數筆勾勒出一個人、一匹馬的輪廓給他看，那麼，這個由線條構成的人和馬，相比真實的人和馬，更能讓孩子高興。

　　母親與照顧孩子的工作人員在這種場合下，是怎樣來引導孩子的呢？你們要清楚這一點，只要勤加注意與觀察，孩子本身會教給你們這類方法。這裡的一個孩子正在畫一張桌子，他

在自己的手所能觸碰的範圍內勾勒出桌子的輪廓。這樣，孩子按照物體原本的形狀將物體描繪出來，這是第一步，對他來說也是最有把握的一步，唯有透過這一步，孩子才能意識到物體的輪廓及形狀。孩子將用同樣的方式來畫椅子、凳子、窗戶。但孩子已自發的更前進了一步。他根據模糊的想像在桌子、凳子和椅子等四角形的木板上畫上了角平分線，這樣就能畫得更精準。現在他已在按等比例把這個形狀描繪下來。瞧，那邊的孩子要把桌子、椅子和板凳等各種東西都畫在一個桌面上。你們沒有看到孩子在這方面自所具有的自發性達到了何等地步，經過了何等程度的訓練嗎？他把自己能夠移動的及其目光所及範圍內的物體放在木板上或桌子上，用手在物體的邊緣比劃著，將其形狀畫在平面之上。時而畫剪刀與棋盤，時面畫樹葉與樹枝，甚至畫下了自己的手或物體的影子。透過這類活動，兒童在諸多方面都得到了發展，比如對物體外形的明確理解，在脫離了實際物體的情況下，也能描摹出物體的形狀，他已經將物體的形狀牢牢的留在記憶中，加強了手臂與手自由描摹物體形狀的能力等等，孩子的各方面能力都得到了增強。

單元 10
以繪畫及數字發展幼兒的修養與素養

殷勤照顧孩子的母親，悉心關懷孩子的父親，關注孩子的其他家庭成員，就算本人沒有畫過哪怕任何東西，更別提家庭當中會有一個真正的畫家，卻能夠引導正在成長為少年的幼兒達到這樣的地步，以至於可以相當精確的畫出一條直線、一條對角線，甚至是一個垂直狀態下的長方體，如果父母沒有過於謹小慎微或吹毛求疵的毛病，而是經常將孩子的行動與適當的語言結合在一起，例如，「我要畫一張桌子、一面鏡子；我在石板和木板上畫出對角線。」那麼，對於發展與增強兒童的力量及能力是大有裨益，也是極為必要的。這種方法可以加強兒童的內在修養與特質，增強其外在力量，增長其知識，加強其判斷力和預防許多存在謬誤的思考方式，而這種判斷力與思考力的覺醒是不會過早的、自然而然的出現在孩子身上的，因為話語與圖畫詩詞需要相互說明與相互補充，因為其中的任何一方在對所要描繪的事物的關係上都不可能是極為詳盡的的。圖畫原本就介於語言和實物之間，具有與語言和實物共同的特性。在這一點上，它對幼兒及少年，乃至對一般的人而言，作為教育和發展的方法是極為重要的。真正的圖畫與實物應是基本一致的，因為它力求從實物的形狀及輪廓上，將其展現出來。它與語言是一致的，然而絕非實物本身，而只是實物的反映。語言與圖畫在本質上又是截然對立的，因為圖畫是死的，而語言卻是活靈活現的。圖畫是能夠看見的東西，而語言是能聽見的東西。因此，語言和圖畫正如光與影、白晝與黑夜、精神與肉體一樣，是不可分割、永遠關聯的。因此，繪畫能力與語言能力一樣，不論在成年人身上，還是在兒童身上，都是天

生的，與語言能力一樣，也無條件的要求得到發展與訓練。經驗也清楚的告訴我們，兒童喜歡繪畫，甚至對繪畫有迫切的渴望。

　　繪畫，透過圖畫和在圖畫上展現出的事物，以及由繪畫展現出來的見解，使兒童很快的達到對常見的實物及其同類物體有了明確的認識，例如人有兩隻眼睛與兩隻手臂、五個指頭與五根腳趾，甲蟲和蒼蠅有六條腿。這樣，物體的圖畫會引導兒童對數目開始關注並且有明確的認識，同一物體多次重複出現會讓兒童擁有數的觀念。同類物體按某類關係集合成一定的、各自不同的量，這就是物體的數目。這樣，透過對數的認知，透過發展與訓練兒童的計數能力，其認識範圍又擴大了，他的世界也就更加寬廣，他的內心生活的本質需求，他的精神嚮往獲得了滿足，因為在這之前，兒童始終帶著一定的渴望，帶著模糊的感覺 ── 他似乎還缺少某種認識外部世界的方法 ── 觀察由同類或不同類事物集合而成的或大或小的量。這些不同的集合體的事物的量，其關係他還不能完全認識和理解，還不能確定，但這時他已經知道，他有兩塊大的及三塊小的石頭，有四朵白的與五朵黃的花等等。關於量的關係的知識將會讓兒童的生活得到極大的提高。

　　然而，兒童的智力發展需要母親及其他保育員從最初開始，就要按照數的本質所包含的方式，按照人的思想中確定的思維規律，根據日常生活的客觀需求，發展兒童的計數能力。如果我們可以沉著和冷靜的對兒童實施觀察，那麼很容易發現，兒童是如何自發的採取從可見的有形物體出發，上升到

認知不可見的無形抽象事物這條由人類思維規律所決定的途徑的，儘管他自己對此是無意識的，然而他的確是沿著這種道路前進的。因為孩子首先將同類物體歸結在一起，於是就獲得了如蘋果、胡桃、梨、豆子等概念。這時，母親與其他善於引導的保育人員只須對孩子進行合理的解釋，即把看得見的東西與聽得見的東西加以連結，這樣，借助蘋果、梨、胡桃、豆子等這些物體的名詞使物體更容易被兒童理解與認知，更接近其感覺。

大家都看到過孩子是如何將每一類物體逐一整理並排列起來，但在這種場合下，母親又會加上解釋性的、生動的言語，如：

蘋果 —— 蘋果 —— 蘋果 —— 蘋果等等，這一堆都是蘋果。

梨 —— 梨 —— 梨 —— 梨等等，這些都是梨。

胡桃 —— 胡桃 —— 胡桃等等，這些都是胡桃。

豆子 —— 豆子 —— 豆子 —— 豆子等等，都是豆子。

或是如石塊、樹葉等其他各類東西，孩子都可以把它們排列起來，各式各樣的物體中總有幾個能夠排在一起，歸為同一類。為使孩子能夠更好的理解這些物體，母親便按照剛才所提到的那種方式與孩子一起說話。

隨後，母親一邊讓孩子將一個物體與另一個物體歸為一類，一邊與孩子一起把這一行動明確而清晰的用語言表達出來，例如：

單元 10　以繪畫及數字發展幼兒的修養與素養

一顆蘋果 —— 又一顆蘋果 —— 又一顆蘋果 —— 再一顆蘋果 —— 許多蘋果。

一顆梨 —— 又一顆梨 —— 又一顆梨 —— 再一顆梨 —— 許多梨。

一個胡桃 —— 又一個胡桃 —— 又一個胡桃 —— 再一個胡桃 —— 許多胡桃。

一粒豆子 —— 又一粒豆子 —— 又一粒豆子 —— 再一粒豆子 —— 許多豆子。

也可以用手指進行這類活動。每一類物體的量始終透過均勻的逐一增加而逐漸增多。

此後，母親以確定的象徵數量增加的數詞進行交談，以代替「又一個」、「再一個」等等不確定性詞語，而且始終與孩子一起數著現實中的物體，例如：

一顆蘋果 —— 兩顆蘋果 —— 三顆蘋果等等。

一顆梨 —— 兩顆梨 —— 三顆梨 —— 四顆梨等等。

一個胡桃 —— 兩個胡桃 —— 三個胡桃 —— 四個胡桃等等。

一粒豆子 —— 兩粒豆子 —— 三粒豆子等等。

隨後，母親從同類物體當中取出若干物體，按數量逐漸增大的自然順序予以排列，並把這些行為用言語加以說明，如：

○顆蘋果 —— ○○顆蘋果 —— ○○○顆蘋果 —— ○○○○顆蘋果等等。

○顆梨 —— ○○顆梨 —— ○○○顆梨 —— ○○○○顆梨等等。

○個胡桃──○○個胡桃──○○○個胡桃
──○○○○個胡桃等等。

○粒豆子──○○粒豆子──○○○粒豆子
──○○○○粒豆子等等。

　　然後，母親與孩子一起唸，最後，母親讓孩子單獨把物體排列起來的同時，進行言語說明，即讓孩子自行計數。

　　如果說此時在每一個數字後還標明與說出物體的類別，那麼隨後便只說出數字，直到最後才提到與說出物體的名稱，如：

○（一）──○○（二）──○○○（三）──○○○○
（四）顆蘋果。

○（一）──○○（二）──○○○（三）顆梨。

○（一）──○○（二）──○○○（三）──○○○○
（四）──○○○○○（五）個胡桃。

○（一）──○○（二）──○○○（三）──○○○○
（四）──○○○○○（五）粒豆子。

　　這裡，注意力首先放在與一定的數目關聯的物體的數量上，隨後才注意物體的種類本身。

　　最後，母親只強調說出系列當中的一定數量，而完全不考慮物體的類別，如：

○（一）──○○（二）──○○○（三）──○○○○
（四）──○○○○○（五），等等。

　　這是對按照自然順序排列起來的數的純粹思考與簡單理

解，也就是說對純粹的數量的理解。

　　在幼年期的兒童身上應發展這樣一種至少到十為止的明確與肯定的數列知識；但絕不應將數字當作空洞的、毫無意義的聲音講給孩子聽，並讓孩子機械的，即同樣毫無意義的、空洞的模仿著父母的聲音；否則，在這種情況下，假如人的思想不能最終自發的，依靠自身的力量來排除各類反常觀念的話，孩子也許會毫不在乎的說出二、四、七或八、一、五、二等這樣順序極為混亂的話來。

　　以上關於發展孩子對於數字的概念的介紹，同時為我們提供了關於兒童是如何並按照什麼樣的規律從觀察個別事物逐步上升到一般性事物乃至最普遍的事物概念這一過程的簡單例證，當然，在觀察中，這一過程往往是瞬息即逝的。

單元 11
家務與職業活動引導兒童獨立思考

我們從處於幼年後期並正在脫離幼年期進入少年期的兒童，如何才能得到正確引導、良好撫育及切實保護的，又如何讓孩子體會到何等豐富、飽滿、生機勃勃的內部和外部生活啊！未來成年人的思維與感覺、知識及技能的對象，如果其最初的根苗並非萌發於幼年時期，那麼，它究竟來源於何方呢？未來教學與訓練的課題，如果不是萌芽於幼年時期，那麼，它究竟來源於何方呢？語言與自然事物呈現於兒童面前；數、形狀、大小的性質，空間知識，力的本質，物質的作用開始向孩子進行展示；顏色、韻律、音調、形態在其萌芽狀態時就已經帶有獨特的意義並展現在兒童面前；自然界與藝術世界對他而言，已開始能夠被明確的區分開，同樣的，他已能夠有把握的將自己與作為自己對立物的外部世界進行比照；在他的心中，自己的內心世界的感覺已開始發展起來。然而儘管如此，我們還根本沒能觸及也根本沒有注意到還沒充分成熟的、還沒有進入少年期的幼兒的整個生活層面，這是與從事家務、從事職業活動的父母親、兄弟姐妹一起生活的一個側面。

我向外眺望，一個工人的不足三歲的孩子正牽著他父親的馬；父親將韁繩放到孩子的手裡，孩子安靜、平穩的走到馬的前面，並用堅定的目光轉過身來看著馬是否正跟在後面。儘管父親手裡緊握著用來制服馬的籠頭，然而孩子卻始終堅信是他自己在牽著馬走，而馬則必須跟著自己。這一點何以見得？證據可見於這樣的事實：父親為了跟一位熟人說一說話，他站定了腳步，自然馬也站住了；但孩子把馬停下來看作是其任性的行為，於是他使出全身的力氣拉住韁繩，以便催促馬繼續

前進。

　　我的鄰居有一個剛滿三歲的兒子，在我的圍圍四周的籬笆旁幫母親放牧小鵝。他讓這些生機勃勃的小動物覓食的場地是狹小的。也許正是由於這個小牧童希望按照自己的心意為這些小鵝找尋食物，所以牠們卻想要逃離這個小孩身邊。這些幼鵝走在一條路上，在這裡，繁忙的交通隨時會對牠們帶來嚴重傷害；母親看到這一情景，便向孩子喊道：「注意，孩子！」這時，由於這些小鵝不斷試圖獲取自由而干擾了其工作，這個小男孩煩躁的回答說：「媽媽！妳大概以為看著小鵝並不難吧？」

　　誰能指明，如果雙親及保育人員重視兒童如何與將來的發展，並將這種發展運用到以後對孩子實施的教學與訓練中去的話，那麼，兒童從雙親的這類工作中所獲得的發展能力，並引用到未來的發展中去，會帶來怎樣的成就呢？

　　瞧，這是正在成長中的園丁的孩子。身為園丁的父親正在除草，孩子想幫助父親工作，於是父親教他如何區分毒草與香菜：這就需要注意葉片的不同光澤與不同氣味。那裡是護林人的兒子陪父親在過去共同栽鐘樹苗的砍伐區裡巡視，所有的地方看上去都是綠油油的。孩子認為目光所及範圍內的都是松樹；但父親說，其中的一種是屬大戟科的植物，並教他辨識兩者的不同。那裡是一位擔任織物印染工的父親在向細心觀察的孩子說明一定的液體是如何讓顏色有所改變，一定的顏色總是以這種方式出現變化。他對孩子說，這種液體叫作酸等等。他告訴孩子為何如果織物上面的圖樣顯現在右側的話，模子上的圖樣必須出現在左側。

這裡是一位商人在教自己的兒子，咖啡豆是被剝去外殼的植物果核。他還利用另一次機會將這種植物指給他看。他在另一次去野外旅行時指給孩子看那些由長的、圓的、褐色的、黃色的、白色的顆粒構成的商品——蘭芹、罌粟、小米、大麻等是如何在野外生長的。

　　就這樣，身心健康的孩子在自己的父母引導下逐漸成長，而悉心關懷兒子的父母則引導孩子從鄉村走向城市，從自然到藝術，或反之從手工藝製作到耕種和園藝。儘管出發點和原因各不相同，但各自都有可能從自己慣常的認識範圍出發去認識其他人的知識範圍，把別人的認知範圍同自己的認識範圍聯通起來。父親的每一種活動、每一種手藝、每一種職業都能夠將一個起點引導到掌握人類的所有認知。如果孩子在幼兒期沒能收到父母的指導，那麼當孩子進入少年期後，學校生活只能在耗費昂貴代價的條件下，極其困難的將兒童的理解能力和認識能力從頭開始培養，而且往往效果不佳。這方面的成效如何，要取決於利用和不利用，重視和不重視兒童的家庭教育生活。諸位為人父者，你們的孩子必然會有接受家庭教育的迫切需求，因此不管你們身處何地，從事什麼工作，孩子總是纏著你們求教。你們不要拒絕他們，不要將他們趕走。你們不要對他們一再提出的各類問題感到不耐煩。你們的任何硬性拒絕與把他們生硬趕走的話語，都會毀滅其生命之樹的蓓蕾和幼芽。但是，你們也不要用言語對他們做出過於繁多的解答，除非沒有你們的詳細解釋，他們就無法領悟自己的問題，因為他們聽別人的（或許只是一知半解），當然相比於自己去尋求答案更為容

易，但是，透過自己找尋到的四分之一的答案，對孩子來說，比之單純聽別人講解而最終一知半解更重要。後者會導致思想與精神層面的懶惰。因此，你們不要總是直截了當的回覆孩子的問題；只要他們具備這方面的能力與經驗，就要為他們提供更加深入了解問題的條件，引導他們從自己的認識範圍出發，自己解答問題。

　　我們身為父母，特別是當父親的（因為處於這一年齡階段的幼兒需要我們加以特別照顧和引導），應著眼於履行我們身為父輩的義務（對孩子加以引導）所涉及的一切事務。讓我們去感受因履行了自身義務而享受到的歡樂吧！我們除了從引導孩子的過程中，從與孩子共同生活中，以及在為孩子們而生活中得到的歡樂與享受外，再也無法從任何途徑得到更多的歡樂與享受了。

　　如果我們大家都能注意到那位在平凡的市民環境裡，在一個充滿歡樂生活的幸福家庭中的平靜父親說出真心話（在此僅部分複述了他的話），他所要表達的道理將會讓我們留下極為深刻的印象。他僅用一句簡短的話，便完整概括了自身的行為準則：「及早的引導孩子去學會獨立思考，我認為這是兒童教育的首要任務。」在他看來，使兒童儘早養成勞動與自己處理事務的習慣，是不言自明的道理，是無須贅言進行說明的。此外，在養成孩子獨立思考的習慣已經在幫助孩子養成勞動與勤奮工作的習慣方面大有裨益，是否同時也在養成家庭成員與公民應具備的一切德行方面也有受益呢？那位父親的話是一粒種子，由此將生長出一棵開滿芳香花朵、結滿豐碩果實的生命之

樹。我們當中那些放任孩子去無所思考、無所作為的過日子，因此而變得愚昧無知的父母們，應對這位父親的話仔細思索。

這種說法是嚴酷的，然而是符合事實的，只要我們在與孩子一起交流和生活中以檢驗的、研究的目光加以審視，便會發現這類情況。確切而絕不過分的說，我們是無知的；我們周圍的所有事物，在我們看來都是沒有生命的；在所有知識領域，我們都是空虛的，對我們的孩子而言，我們缺少知識，我們的話語是空洞的；只有在很少的情況下，在我們講話植根於自然觀與人生觀的情況下，我們才會對其生活感到高興。因此，快讓我們給予孩子生命力吧！快讓我們的語言內容變得充實起來，並賦予我們周圍的事物生命力吧！我們在社會的共同生活過程中使用的言辭是毫無生機的，是沒有價值的遊戲籌碼，因為它們缺乏內涵。它們是凶惡的幽靈，因為它們根本沒有軀體。我們所經歷過的和看到的一切是沒有生命力的。它們是把孩子們壓垮的元凶而並非讓他們成長的助力，因為它們缺乏振奮人心、賦予事物以內涵和意義的言語。我們的演講猶如是一本失敗的圖書，這本書的內容都是我們死記硬背下來的，裡面都是第三手的陳舊資料。我們自己不理解自己所說的內容，無法合理組織自己的話語，所以我們的講話永遠都是空洞，毫無內涵的。我們的精神世界與外部生活是如此貧乏，以致孩子的生活也同樣貧乏。家長們！讓我們去為孩子設法獲取並提供自己所缺少的一切吧！我們要讓一切激勵與組織兒童生活的力量為自己所用。讓我們向孩子們學習吧！讓我們悉心傾聽他們的生活所發出的警告與他們的心靈發出的無聲要求吧！讓

我們與孩子一起生活吧，這樣，孩子的生活將為我們帶來安寧與歡樂；這樣，我們將變得聰明，開始正確而賢能的處理事情。幼兒期的兒童主要應發展其語言能力。因此，在兒童的一切活動中，不可避免的要以一定的、純正的言語與其行動連結起來，透過言語來說明其行動。每一個對象、每一件事物在兒童看來，似乎唯有透過言語才得以存在，在此之前，儘管其眼睛似乎已經覺察到了這些事物，但這些事物對他們而言卻還根本不存在。在兒童看來，似乎唯有言語本身才能夠創造事物，因此，言語和事物如同樹幹與樹枝的關係一樣，是統一的。儘管事物與言語之間，以及事物透過言語與人之間存在著的此類內在關聯，然而人處於其發展的這一階段，認為每個事物與其他事物都是毫無關聯的，每個事物與每個整體的各部分也並非有機的結合在一起。然而，人和事物的使命卻傾向於採納完全不同的方針：人不但應將每一個事物看作是不可分割的整體，而且還應將它看作一個為實現整體目標而劃分為各個部分的存在。他不僅應將它看作是獨立的整體，作為統一體和個體，而且應將每一個個體看作是實現一個更高層次的整體目標的更大和更上一層樓的整體的一個環節。從每一個事物當中，他不但應了解與看到外部的關係及關聯，而且應了解並看到其內在的關聯，及它和與之在外表上分隔開來的事物之間的內在統一。

　　然而作為一個外部世界存在於人四周的整體事物，在這一發展階段當中的人還無法把它作為一個統一體來加以認識，而仍然只能夠透過關於具備獨立性與個性的個別事物的特有本質及其獨特本性的知識來進行認識。但是，一個人在認知每一個

事物時，假如事物就外表與內部來說，與他關係太過密切，他便難以認識其內在本質，並且，如果它在外表與內部兩種關係上，與他關係過於密切，那麼認識它的難度也在同等程度上有所增加。在家庭圈子內的父母與孩子之間等誤解就是常見而富有說服力的證據。因此，一般而言，人是難以認識自己的。外部的分離相反會導致內部的團結一致，導致對內在本質的發現及認知。可惜，人認識許多其他東西、其他地區、其他時代以及別人甚至認知自己所處的地區、時代和個體自身。人要真正的認識自己，就必須在外部展現自己，將自己與自身對立起來。如果人應按照自己的使命去正確認識，甚至透澈認識他四周每個事物的本質，那麼他必然在幼年期以後進入一個對他而言的新時期，進入一個與按其本質而言，人與事物不分時期對立的、重新將人與事物分隔開來的，將人與事物在外部彼此對立起來，然而內部統一的，使其彼此接近的人的發展階段。這一時期將事物與言語分隔開，將事物與言語的每一方面作為區別於另一方面，不同於另一方的事物來加以認識，這樣，人也就能從事物的內部去認知事物。這一時期便是語言本身作為某種獨立存在的事物而出現的時期，它是人繼幼兒期後發展的另一個主要階段。

　　隨著語言從事物當中分離出來，隨著語言從說話人那裡分離出來，甚至隨著更進一步出現的語言透過符號與文字達到的外在化和具體化的，以及隨著語言的真正具體化和語言被看作是某種有形的東西，人便開始脫離幼年期而進入少年期。正如「Kind」（幼兒）一詞明確的表達了前一發展階段的特點一樣，

「Knabe」（少年）一詞同樣明確的表達了隨後到來的這一發展階段的特點，在這一階段，人透過自身的力量使外界事物朝自己靠近（nabebringt），而為自己所掌握。

單元 12
少年期兒童的特點

人在前一個發展時期，即幼年時期，屬於是生活本身的時期，也就是只是為了生活而生活的時期。這是一個使內在的事物轉變為外部事物的時期。而在第二時期，即少年時期，則主要是將外部的事物轉變為內部的事物的時期，即學習時期。

對於父母和教育工作者而言，嬰兒期主要是保育時期。繼嬰兒期之後的新時期，即把人看作統一體進而以統一體來進行要求的幼年期，這一時期主要是對兒童加以教育的時期。此前提到的少年期主要是讓兒童懂得事物內在的特殊關係與事物的一般和個別的區別，以便他們以後能夠領略事物內在的統一性，即從觀察個別事物出發，發現並指出其內在的各種傾向與屬性。觀察和處理個別事物並從這些事物的各種特殊內在傾向關係中，觀察並處理個別事物是教學的任務與本質，因此少年期主要是對兒童加以教育的時期。

少年期作為兒童教育及特質的發展和訓練的關鍵時期，不但要遵循人自身的特性，而且還要遵循事物本質當中包含的不變的與明確的規律與法則，尤其是人和事物同樣必須共同遵循的法則。或者更進一步明確的說，少年時期的發展和訓練教學，不僅要遵循這條普遍的、永恆的法則在人類身上特殊的表現方式，而且也要遵循該法在人以外的任何事物中所展現的，或是在人本身和其他事物中同時與共同的表現出來的特徵。因此，這一時期的教育必須遵循以這種具有普遍性和特殊性的外在規律與法則。所以，教學活動只能也必須借助認知事物、提出見解、謹慎求證、培養敏銳的洞察力和對事物規律有所覺悟這些特質與歷程來進行。發展教育活動最廣義的場所就是學

校。學校的作用就是引導人們去認識並掌握存在於人體以外的事物，並按照存在於這些事物存在中的具有特殊性與普遍性的法則去認識並掌握事物的本質。學校透過把外在的、個別的、特殊的個體展現在兒童面前，引導他們去認識並掌握普遍、內在、統一的規律。所以，少年時期同時也是學生時期的開端。隨著少年時期的開始，學校生活也就隨之開始了，無論是在家庭內外，也無論孩子到底是受教於父親、親人還是老師。在這裡，學校既不可以被單純理解為校舍，也不能被理解成有營業場所的教育機構，而是為了一定的目的並按教學規律有意識的傳授知識的機構。

正如從各方面展現出來和繼續展現出來的那樣，人為了完成其使命與實現其天職，而需要經歷的各類發展和訓練階段，乃是一個具有永久性而不斷前進的，始終從一個階段向另一個階段躍遷的不可分割的整體過程。嬰兒期就已覺醒了的共同感情，在此時期逐漸發展為兒童的較為明顯的衝動與行為傾向；這些衝動與行為傾向進而轉變為兒童的性情，並在少年身上以智力活動與意志活動的形式展現出來。使意志活動提高為堅強的意志，並激發和養成一種純潔的、鞏固的、堅強的而又經久不渝的意志，藉以使純潔的人性首先在自身內部並透過本身的行為得到表現與實現，是老師指導少年兒童的基本原則，也是學校教學的主要目標和關鍵所在。

意志永遠都是有意識的從一個起點出發，按照一定的內涵，朝著一個業已確定的目標前進，與人的本質彼此協調一致的精神活動。這一定義說明並決定著父母與教師、

學校在這些年當中對待兒童的態度及應給予兒童的一切。兒童的所有精神活動的起點應該是堅強有力而又健全的；這種精神活動的泉源應該是純潔、清澈而源源不絕的；它的方向應該是單純與確切的；其目的應是堅定、自覺的，就其本質而言是有生命的，能夠促進生命發展，同時是對生命有所滋養的，本身應始終生機勃勃、不斷進取、不斷完善，它應是值得我們去努力追求的，應是對得起人的使命與天職，能夠讓人的本質得以發展、表現的。因此為了讓兒童自然的意志活動發展為真正堅強的意志，兒童的一切活動、一切意志必須從其內部本質的發展、訓練及展現出發並緊密連結在一起。借助實際案例與言語進行的教學及此後借助教誨和實踐活動進行的教學是達成此目的的常見途徑與方法。單憑實際案例是不足的，但單憑言語也有所欠缺。不能單憑實際案例，這是因為這是單一、個別的例子，未必具有普遍性，只有透過語言才具有普遍性與實用性；也不能單憑語言，語言是具有普遍性的，純精神層面的事務，往往具有多重含義，只有透過實際案例，透過教學活動，才具有直觀性，才具有應用於實踐的意義。但是光靠實際案例、語言、教學活動三者結合也是不夠的，還要這三者與一顆純潔、善良的心相結合，這顆心便是源於幼兒期教育的成果。因此，少年期的情操陶冶也完全要以幼兒期的教育為基礎；因此，意志活動源自於強健的性情和人格，沒有後者，前者就是無根之木、無源之水。

但是，兒童為大量存在於自己周圍的一切在表面上彼此孤立的事物當中，找到一個內在而必然的統一體，找到一個如他

自身感受到的精神統一體，找到賦予事物以生命力的精神紐帶和自然法則，獲得一種源自內心的探究渴望，就是他本身所擁有的純潔善良的心靈與敏銳而真誠的性情的外在表現。透過這條紐帶與自然法則，這些事物至少能夠獲得生命的意義和對於生命有所裨益的意義。這種渴望對於處於幼年期的人而言，是透過充分享受其親身經歷的生動而活潑的遊戲來得以滿足的，兒童透過遊戲的形式而被置於所有事物的中心，一切事物被看作僅僅與他自己及其生活產生關係的。然而，充分滿足這份渴望的前提是有好的家庭生活，唯有這種家庭生活才可以促使兒童善良的心靈與充滿奇思妙想而又天真無邪的頭腦得以充滿活力的開始接受教育，對於任何教育階段而言，甚至對於人的終身發展無可比擬的重要。由於這種渴望是人實現真正發展與人格形成的基本條件，而任何分離的思想將會破壞人心靈的完美發展，所以在人的少年時期，一切與成長教育相關的要素就已經與家庭生活息息相關，一切相關要素都在家庭生活中有所呈現，家庭生活是教育的關鍵，這是在幼年期就已經明確的事實。

因此，對於兒童而言，自己的家庭生活本身就是一種與個人生活不同的外界生活模式，並成為其生活的楷模。父母必然要始終關心這樣一個事實。兒童將會遵照這種生活模式在他外部所表現的那樣，在自己的生活過程中將它純正、和諧、有效展現出來。在家庭當中，兒童會目睹父母及其他家庭成員的所作所為，看到成年人在日常生活當中與其家庭所接觸的各種關係當中進行創造性的思考、工作，於是，處於這一發展期的兒

童也會自己去展現自己所看到的一切生活要素。他將會嘗試著表現他目睹的其父母、周圍的成年人所創造的、展現出來的和所做的一切，這樣他將會從這一過程中認識到依靠人的力量，透過四肢運動所能創造的可能性活動和生活方式。

單元 13
探索、遊戲對少年的重要影響

在此前，處於幼兒期的兒童僅僅是為了活動肢體而運動，而現在，少年期的兒童卻是為了創造和解決問題而活動，或者說為了獲取成果而活動；幼兒的活動本能在少年兒童身上發展為塑造事物的衝動，而其整體的外部生活中，即這一時期兒童生活的外部表現，要歸結到這類塑造事物的衝動中。

處於這一年齡階段的男孩與女孩，是多麼由衷的願意分擔父母的各類工作啊！而且並非是分擔遊戲性質的、極為簡單的工作，而是勞心費力的、要求付出體力，會感受到艱辛的工作。父母們，這一點你們要格外謹慎，要小心並多加思考！假如你們將孩子對你提供的幫助看作是孩子氣的、不中用的、意義不大的，甚至是看作對自己找麻煩的舉動而拒絕，那麼你們可能會立即或至少在很長一段時間裡破壞孩子的活動能力和塑造事物的衝動。你們不要由於工作節奏緊張而導致自己做出錯誤的引導。要避免自己對孩子說：「走開，你只會礙事！」或是說：「我現在很忙，讓我一個人安心工作！」這樣，孩子們的內心活動就會被嚴重擾亂。他們會認為自己被感知到的與己密切關聯的整體之外。他們整個的內在力量被激起了，但他們感受到自己是孤單的，不知如何去運用這些被激起的力量，甚至這種力量反而成為了一種負擔和壓力。他們會感到惱怒並變得怠惰起來。父母這樣拒絕他們一、兩次，孩子便不會再次要求幫助父母並分擔父母的工作了。他會感到非常生氣與煩悶，儘管他如今看到父母所做的工作是他的確可以參與的。誰沒有聽到過這樣對待孩子的家長們在日後抱怨孩子：「當這個孩子年紀還小，無法幫我的時候，什麼事情上都要給我搗亂；現在，他

（她）有了知識和力氣，卻什麼都不做了。」父母們，你們要格外注意的是：從人身上展現出的人最初的活動本能及最初的塑造事物的衝動是在沒有他的主觀強烈意向的參與下時，甚至在違反其意志的情況下，按照對他而言無意識的、潛移默化的在他身上發揮作用的精神本質，而從他的精神內在中產生的，這一點，一個人即使是在此後的年齡階段裡，也還是可以感覺到的。如果一個人，尤其是在他年紀尚幼時，這種對於活動的內在需求，特別是對於時常與身體的努力連結著的塑造、創造和表現的內在需求遭遇外部阻礙時，尤其是遭到無法逾越的父母意志的阻攔時，那麼這種內在力量本身便會遭到削弱，而當這種力量多次被削弱後，便會徹底喪失和不再發揮作用。這種遭受干擾的孩子不能去考慮其提供的幫助是否適合，以及為什麼這一次被允許而下一次就會被拒絕。他會選擇適合自己身體與自然本性的事物。他容易變得願意不再輕舉妄動，似乎正是父母的意志要求他必須這樣去做。孩子變得懈怠懶惰起來，也就是說，其肉體不再滲透著精神和生命力了。它對他而言僅僅是一個軀殼，是他無可選擇而去承受的負擔，因為以前對力量的感覺引導他感受到的身體根本與現在的身體截然不同，而僅只是滲透到這句軀體上的力量的強而有力的載體。所以，父母們，假如你們此後在適當的時機希望孩子能夠祝你們一臂之力的話，那麼就要儘早培養孩子的活動本能，尤其是在當前少年期培養其塑造事物的衝動，即使這需要你們做出一定的克制和犧牲，也是在所不惜的。你們所做出的克制及犧牲，猶如從肥沃的土壤中要想獲得好收成就必須付出辛勞一樣，以後將會收

穫更多的回報。你們要加強、發展並鞏固現有的成果。你們要最大限度滿足孩子當前的需求。你們要允許孩子將自己的力量應用於父母的工作當中（因為是父母的工作，所以是他們尤為喜愛的工作），這樣，他不但能意識到自己的力量，而且尤其懂得這種力量的尺度。

如果說幼兒時期的活動僅僅是對家庭生活的模仿，那麼少年時期的活動是分擔家中的事情，例如搬運東西、鋤地、劈柴等。他在任何事務上都試圖嘗試和衡量自身的力量，於是他會覺得身體變得強壯了，力量增長了，清楚力量的強弱。兒子隨時伴隨著父親 —— 到田間和園圃當中，到工廠與圖書館裡去，去森林和牧場，飼養家畜，製作簡單的小家具，鋸木劈柴，在父親的任何職業所包含的全部工作中。孩子從渴望知識的內心目的出發，會接連不斷的提出各類問題，怎樣？為什麼？用什麼辦法？何時？何種原因？處於何種目的？每一個稍能滿足孩子的答案，都可以為孩子開拓一個全新的世界。在這一方面，語言對他而言處處都產生著媒介的重要作用，因而它具有獨立的性質。

本身人格與心靈健全的，幼年時經歷過簡單而自然的適當引導的孩子，處於少年時期則絕不迴避困難，不，他會積極去尋求這種障礙與困難並去努力克服。「讓它橫亙在那裡吧！」這個強健的男孩向父親喊道，因為父親想讓他將一根木頭搬離道路的中間。「讓它橫在那裡，我是可以跨越過去的。」這個孩子儘管第一次頗費了一些力氣才跨過去，但因為是他依靠自己的力量越過去的，所以在他身上便增強了力量及勇氣。他退回

去，再次翻越障礙，不久他就可以輕易的翻越過去了，好像路上沒有任何障礙一樣。如果說，孩子在幼年時期喜歡活動，那麼在少年期，做事便會讓他感到歡樂。因此，少年期兒童的大膽而勇於冒險的力量表現在於進入洞穴與深坑探險，爬樹、爬山，漫遊森林與田野。對於他而言，最困難的事也是容易的，最冒險的事也並非伴隨危險，因為這些要求完全是由內心產生的，源於其情緒和意志。但這不只是試驗與測量其在這一年齡階段已試圖在更廣闊高遠的範圍內冒險的那種力量，而特別是他正處於內在生命的特性和需求是要見識世界萬物的多樣性的階段，從整體上觀察個別事物，特別是希望弄清那些距離自己較遠的事物，從廣度、多樣性、整體性層面了解事物。少年的追求就是要逐步的擴大自己的視野與眼界。對於處於少年期的兒童來說，每爬上一棵樹就等同於發現了一個嶄新的世界。從高處遠眺所看到的風景完全不同於我們日常習慣的那種狹窄視野所習慣的情景。一切在孩子的下方顯得那樣清晰。如果我們能夠重新喚起自己在少年時代所經歷過一切風景豁然開朗，眼界的限制被瞬間破除時，所產生的那種開闊人心胸的感受，那麼我們就不會朝孩子冷淡喊道：「快下來，你會從樹上摔下來的！」人們不能只是透過行走、站立、坐下來防止摔倒，而還要透過觀察周圍事物來避免跌倒。而當人們從高處朝下眺望時，就算是最平常的事物，也顯得多麼新奇！我們是否應該並願意及早將孩子的精神和心靈提升到如此的高度呢？他是否應站在高處去獲取對事物的明確理解，是否應依靠眺望遠方進而開闊其心靈與思想呢？「但是，孩子會變為大膽妄為的人；我

永遠都免不了為其擔憂。」從教育的早期開始，就透過冷靜、按其發展特點加以引導的孩子始終不大會將自己的力量過高預估，因為他們的力量受過實際的檢驗，清楚自己的力量到底有多大，所以，他將會猶如受到守護神引導的那樣，安全通過所有艱險。而另一個不清楚自己的力量和對力量的要求的、缺少訓練，不清楚自己力量到底有多大而傾向於貿然行事的孩子，在即使極為小心的人也估算不到會出現危險的情境下，他卻已然陷入危險了。不加考慮的去冒險的孩子，他們往往不是依靠透過經常不懈的鍛鍊而獲得的力量，而是受突然感知的一點微小的力量的驅使去尋找機會來應用它。尤其是有旁觀者在場時，他們更容易去嘗試冒險。

孩子喜歡進入洞穴或深坑當中探險，在鬱鬱蔥蔥的小樹林裡及幽暗的森林中漫遊，這種傾向所代表的意義和作用並非無足輕重。這代表了孩子探索與發現未知事物的興趣，為看到和認識未知事物而做出的努力，是為了揭示、占有並掌握處於黑暗之中的事物。孩子從這樣的漫遊當中會自覺或不自覺的帶回一些有特點的石塊和植物，隱藏在黑暗中的蠕蟲、甲蟲、蜘蛛、蜥蜴等小動物作為自己的收穫，並在他返程的路上呢喃著：「這個叫什麼？這是什麼？」等等許多亟待解答的問題，而每一個新詞將會讓他的世界越發豐富，使外部世界在他面前展現出更多的風光。自然，我們不可以對孩子怒吼：「去你的！把這些破爛都扔掉。多討厭的東西！」或者說：「放掉，牠會咬人的！」假如孩子因此順從，則他同時也就拋棄了自己相當大一部分的求知力量，同時也將喪失很多本應獲取的知識。而另

一方面，一個不到六歲的孩子會和你講述某種甲蟲的奇妙結構及其各條腿的特有用途，這些東西過去在你看來都曾是不惜一顧的。當然你可以在孩子嘗試捕捉這些稀奇的小動物時提醒他要注意的事項，但不要導致他心生膽怯。

然而真正健全而強壯的少年期兒童，其活動範圍絕不僅僅是森林、高山與洞穴，我們日常活動的區域同樣吸引著他們。瞧，他在靠近父親花園的柵欄處的灌木樹籬下面，為自己平整並修建了一個小花園。那裡，他在一條小水溝當中觀察河水的流動。那裡，他借助小水車觀察研究水流及其衝擊的作用以獲得這種現象的更明確、更全面的認知。這裡，他在觀察一片小木片或一塊樹皮在自己圍成的小池塘裡漂浮的特性。孩子尤其喜歡研究清澈的、給予人活力的、形態千變萬化的水，渴求明確認知自身的孩子，會如同在鏡子當中一樣，在水裡觀察自己心靈的影子，同樣的，處於這一年齡階段的孩子通常喜歡玩弄如砂子和黏土等可塑性極強的材料。人們可以說，這是生命發展的要素，因為現在他憑藉過去獲取的力量與感覺，試圖掌握與控制這類物質。一切都應服從於孩子的塑造衝動。那裡，他在土堆內部建造了一個地窖，在土堆上面建造了一個花園與一條長凳。在那裡，樹枝、木條被搭接起來，構成了一幢房子。將厚厚的積雪用於堆砌圍牆與壁壘，甚至是一座堡壘，把小丘上面的石子築成一座城堡……這一切均是按照少年期兒童的思維、精神特點，按照將事物統一起來加以掌控欲利用的想法建造的。瞧！那邊的兩個還不到七歲的小孩子，他們彼此友好的勾肩搭背，一團和氣的商量著去拿工具，準備在屋後的小丘上

的灌木叢裡建造一間帶有長凳和桌子的小屋，從這個位置上，他們能夠望見整個山谷的景色。孩子的這種統一而又以自己為中心的精神會把向他靠近的、適合他本質和需求的一切東西整合起來，為了共同的目標去積極探索，這樣一來，每個人將建構起一個自己特有的世界。

處於少年期的孩子也必須有一個外界的，最好是由自己創造、選擇的活動據點與協調之地。如果需要占據的空間夠寬廣，如果支配的領域足夠大，如果整體結構較為複雜，那麼，在這方面思想趨於一致的人便會友好而統一，他們會做出共同努力，意氣相投，於是已經開始的工作會不斷擴大，個人著手做的新的工作則會變為共同的工作。家長們，兒童教育者們，你們是否想看看這樣一群符合以上描述特質的孩子的成果呢？請看這個教育場所吧，這是一個由八名七到十歲的男孩組成的團體。在這間具有多種用途的小屋當中的大桌子上，擺放著裝有積木的箱子 —— 積木的形狀有助於搭建房屋，每邊的長度相當於實際牆磚的六分之一，這是最華麗與形態極為多樣的基礎建築材料，適合正在成長期的少年用於表現自己的創造力的方法。在這個小屋子裡，也能看到砂子與木屑，以及最近在美麗的松林當中散步時所採集到的大量苔蘚。放學後，每個孩子各自開始了工作：那邊有一座小教堂不起眼的坐落於屋角，十字架及祭壇代表著這座教堂的精神力量。這是一位幼小而文靜的男孩的創造成果。在那裡的一把椅子上，兩個孩子已共同建造了一棟很大的建築 —— 一棟多層大樓，似乎是一座宮殿，人住在這座宮殿當中，從椅子上看下去，猶如從山上看到山谷

一樣。那麼，那裡的另一個孩子靜靜的在桌子下面建造了什麼呢？那是一座翠綠色的小山，一座古堡莊嚴的坐落於山頂之上。在那邊的平地上，另一些孩子已經建造了一個村落。現在他們每一個人都已完成了自己的使命。每個孩子都在觀察著自己與別人的作品。每個孩子都表達除了自己的想法與願望：把個體的創造成果整合為一個整體，並且這種願望一旦被眾人理解，而上升為群體共同的願望，便馬上會共同努力，從村落到城堡、從城堡到宮殿、從宮殿到教堂都統一鋪設好道路，並使二者之間展現出的牧場與小河。或者，假如你們再次來到這裡，你們看到的將會是這樣的情形：幾個孩子以黏土創造出山水景色，另一個孩子以厚紙板建造出一棟門窗齊全的房屋，還有一個孩子正在用胡桃殼製造小船。現在每一個孩子都在欣賞著自己的作品，考慮著：這東西的確很好，但卻孤孤單單的。他也在察看與其他孩子的作品，想道：要是讓各人的作品聯結起來就好了。於是房子馬上像一座宮殿般聳立在風景區內的小山崗上，小船漂浮在人造的湖面上。其中最小的孩子還在興高采烈的於山岡和湖泊間點綴牧童和小羊。一些比較年長的孩子甚至開鑿了運河，引水過閘，鋪設橋梁，開闢海港，修建堤壩，還添加了磨坊與水車。每個孩子只埋頭專注於自己的工作，而無心去關心與顧及他人的工作。而如今應根據水的特性，利用水的力量讓船從其高處航行到低處。但是每前進一步就意味著必然侵入另一個孩子的領地，每個孩子都同樣有資格作為主人與創造者，每個人可以提出自己的權利，同時也要承認別人的權利。那麼有什麼東西能夠產生調停作用呢？只有條

約，猶如國家之間的關係那樣，透過嚴格的條約彼此聯合，也彼此約束。誰能夠否認這種孩子的遊戲是有著多方面意義和多方面的收穫呢？這些遊戲是這些少年同一心意、同一精神的產物；進行這種遊戲的是品行端正的學生，他們學習成績好，理解能力強，具有深刻的洞察力與表現力，做事勤奮，進取心很強，有著出色的頭腦和心靈，言談舉止都得體。進行這種遊戲的孩子日後會成為目光敏銳、行事謹慎的精明強幹之人。

在這一年齡階段，尤為重要的是為了生產的目的，在自家的花園裡栽種作物；因為孩子在這裡首先能夠看到果實如何透過勞動，以邏輯的必然性及規律性決定的有機方式生長出來，透過這種活動，透過兒童在大自然當中的生活及他對自然提出的各類疑問，他對於認識自然的渴望——這種渴望會促使他長時間、經常、反覆的去觀察自然及有意識的去注意草木和花朵——他將因此得到多方面的、充分的滿足，而自然界似乎願意滿足孩子的這種欲望與活動，並賜以豐碩的果實為報答。要是沒有條件讓孩子有自己的小花園，那麼至少應該讓他有一些栽在花盆裡的植物。花盆裡不要栽種珍奇、難以栽培的植物，而應具有容易栽種、花苞累累、葉子茂盛特徵的一般植物。曾經養育與保護過外界生命（儘管是很低等的生命）的孩子，也將更加容易學會養育並保護自己的生命。並且，透過植物的栽培，孩子也會去注意甲蟲、蝴蝶、鳥類等動物，這些渴望也將得到滿足，因為這些動物喜歡接近植物。

但是這個年齡階段的兒童遊戲及相關活動並非都是盡善盡美。更確切的說，很多遊戲和活動其實是純粹的體力練習與嘗

試。許多遊戲的目的只是在顯示力量。但是這個年齡的兒童的
遊戲總是帶有其獨特的，與兒童內心世界相呼應的性質。如果
說在幼兒期，遊戲的目只是在於活動本身，那麼現階段遊戲
的目的卻始終是特定且有專門的目的，就是說，現在遊戲的目
的便是表現 —— 表現事物本身。少年期兒童自由遊戲的這種
性質伴隨著年齡的進一步增長而日益得以發展。甚至在關於兒
童身體運動的所有遊戲中，如奔跑、拳擊、角力等，以及球類
遊戲、抓人遊戲，類比戰爭和狩獵內容的遊戲等，都能顯露出
這一點。兒童在這些遊戲中讓人尤為欣慰的是，他身為個人及
團體的一員，感覺到有一種肯定的及可靠的力量，並感覺到這
種力量在不斷增長。但是在這些遊戲中得到充足滋養的絕不只
是身體層面的，或者說肉體方面的力量，而且也有精神和道德
的力量。實際上，如果要準確衡量身心兩方面的力量增長優勢
究竟在哪一方，則很難說是在體力方面有優勢。正義、節制、
克己、誠實、忠誠、友愛及公正無私，這些由兒童的心靈及性
情，還有堅定的意志開出的美麗花朵，還有勇敢、忍耐、堅
定、慎重及消除怠惰放任的精神等品格也如或許外表不夠豔麗
但芳香持久的花朵，對孩子產生潛移默化的影響。不管是誰，
如果想感受一下令人振奮的，富有新鮮生命氣息的氛圍，就可
以參觀這些孩子的遊戲場所。在這裡綻放著更加嬌嫩芬芳的花
朵，而勇敢、自由的孩子們對這些花朵格外愛惜，猶如一匹勇
敢的駿馬愛惜一個橫臥在牠奔馳的跑道上的人或孩子一樣。這
些嬌嫩的、形如紫羅蘭的花朵就是指對弱者、嬌嫩者和幼小者
的寬容、忍耐、愛惜和鼓勵，就是對尚不熟悉遊戲的孩子的謙

讓。但願所有那些勉強允許在少年教育中給予少年遊戲場所以一席之地的教育者對以上例子進行一番認真思考！確實孩子的有些話語是粗野的，他們的某些行為是魯莽的，然而在悉心培養的力量顯露之前，最初具有的力量和相關感覺是不可或缺的。孩子認識事物的內在意義的觀察力與感覺是銳利、明確而透澈的，因此他對於在判斷力和體力方面與自己對等的，或至少聲稱與自己同等的人的判斷是極為敏銳的，甚至是嚴酷與粗暴的。

每一個村鎮應有一個專屬的，供兒童利用的公共遊戲場所。這對整個村鎮的生活將會產生積極的作用，因為少年時期的兒童遊戲，無論在什麼地方，都具有很多的共同性，所以它將為社會培養共同的意識與情感，發展社會共同的法則及要求。孩子會嘗試在其夥伴中觀察自己，感受自己，衡量自己，透過他們去認知自己並發現自己。這樣，這種遊戲便直接的對生活產生了作用，培養了孩子的素養，激發並培育了許多公民的道德品格。

然而由於季節變遷的原因和環境因素，現實條件下是不會容許兒童每天在完成課業後始終在戶外練習並發展自己的力量，同時孩子也絕對不能因此而無所事事，因此在這一年齡階段，各種室內的外部作業和表現，尤其是被稱為機械作業的那類活動，如手工製作、厚紙板加工、模型製作等構成了少年期兒童生活與指導的基本部分，對兒童也是很重要的。

單元 14
注重孩子肉體與靈魂間的協調發展

然而在人身上還有一種追求、渴望與心靈需求，這是任何其他教育形式都無法滿足的：他要透過事物的現狀去了解事物的過去。他希望知道其出生之前曾存在過的事物。他想知道現有事物的過去本源和起因，他甚至希望將過去遺留下來的東西本身、它存在的理由、它過去的那個時代特點都了解清楚。當孩子看到古老的城牆、古塔、廢墟時，當他見到聳立在高山或路旁的古老紀念碑與圓柱時，是否曾在心裡說出的那種希望別人告知他關於這些東西的過去、屬於它們的時代特徵和過往經歷的明確渴望呢？因此對於這一年齡階段的兒童便對童話、傳說、歷史故事有著迫切的欲望。這種迫切的欲望，尤其在這一年齡階段初期是極為強烈的，以致當它不能及時得到滿足時，兒童就會設法從其他管道得到滿足，尤其是空閒的時間，以及在作業寫完的時候。誰沒看過一群這一年齡階段的孩子團團圍住一個善於講故事的人，還有當講述者滿足了他們聽故事的願望，其語言與孩子的內心思想達到和諧一致時，他們是如何全神貫注的傾聽的這種場景呢？

　　但是，即使在兒童目前的生活中，還有很多東西是這一階段的孩子無法理解清楚的，但他卻迫切希望弄懂這些事情。在大人看來默不作聲的東西，孩子卻希望它能說話。在大人看來沒有生命的事物，孩子卻希望它是活的並能活動。他希望別人能給予他這方面的解釋。他希望別人將在他看來不出聲的物品的無聲語言轉換成他聽得見的語言。他希望聽到透過詞彙和語言清楚的解釋他頭腦中模糊的預感到的所有事物的內在的、生動的關聯。但是別人也並不總是可以滿足兒童的各種願望，因

此在他就會產生對寓言、童話的渴望，這些寓言和童話將語言及理性賦予了不說話的事物，寓言是人與人的、人與塵世的現象限度之內的故事，後者則超出了這個範圍。寓言和童話將幫助兒童獲得極大的樂趣，還使得兒童及其同伴進行交流和分享，對於這一時期的兒童來說是非常重要的。

凡是兒童在心靈深處模糊的有所預感的東西，凡是讓他的內心充滿歡樂與愉快、力量和青春感的東西，他都渴望用言語能夠表達出來，但是他感到自己尚未擁有這種能力。他尋找著用於表達的恰當言語，當他在自己以外透過格言，尤其是透過詩歌來找尋到這種言語時，便感到由衷的高興。這一年齡階段的爽朗、快活的兒童不正是喜歡經常唱歌嗎？他不是在唱歌中才真正感受到自己是擁有生命的嗎？這不正是因為這種感覺才促使他越過溪谷，登上山頭，在漫遊中，從他的嘴唇和喉嚨中流淌出的歡樂的歌聲嗎？

兒童有著希望了解自己的強烈願望。所以我們可以看到他們總是在尋找清澈、純淨、新鮮、平靜或流動著的水。他在遊戲中總是去親近水，因為在水中他能夠看到自己，看到自己心靈的形象，並且他希望在水裡並透過水，來認識自己的精神核心。溪流與湖水對於兒童的心靈，潔淨的空氣與清晰可見的遠山對於兒童的心靈，就猶如遊戲對於他一樣 —— 這是等待著他日後去進行的生活爭鬥的一面鏡子。因此，為了增長自己將來生活爭鬥的力量，少年時期的兒童及未來的年輕人甚至在遊戲當中尋找障礙、困難及爭鬥。兒童對認識過去的世界和認知自然的渴望，一次又一次的將兒童引向花圃和斷垣殘壁的崩塌

殿堂。這種要把充滿著他內心的東西表達出來的渴望，促使他不斷歌唱。因此不必說，諸多外部現象，很多在兒童的行為和行動當中所展現出來的東西，都有一種內在的、精神層面的意義，即具有象徵性的意義。假如父母們相信幼年期與少年兒童的這種象徵性的東西，假如父母們從這一層關係去注意孩子的生活，那麼，無論對父母或是子女，對他們的現在及將來，都會是極為有益的事情啊！這在父母和孩子間會建立起一條新的紐帶，將有一根新的生命之線將他們的現在與將來的生活貫通起來。

這一年齡階段的純粹的兒童生活應該是這樣。現在讓我們從關於純粹的少年期和幼年期兒童的內部與外部生活的描述出發，看一看在現實生活當中大量的現象，儘管只是部分展現的幼兒期和少年期的生活，讓我們尤為關注一下幼年期與少年期兒童身為子女對父母的、對兄弟姐妹的、對家庭的關係中，進行活動與工作的那種學生及同伴的生活，那麼我們不能不坦率的表示，有許多事實與之前說的完全不同，我們將會遭遇任性、固執、貪圖安逸、不活潑和怠惰、欲望過多、高傲、武斷、專橫、缺乏友愛及孝順、精神空虛、輕浮、厭惡做事甚至厭惡參與遊戲、不聽話、不敬上帝等等。我們要尋找幼年期與少年期兒童生活當中這些及其他許多不可否認的不良現象的根源，這種情況下歸根究柢有兩方面的原因。首先是純粹的人的本質的各個層面的發展被完全忽視了。其次，人的本質的合乎規律的、必然的過程遭受任意的、不規則的干預而導致早期就出現了不正常的傾向，早期的發展階段出現了錯誤的、不自然

的傾向，人原本的良好力量、本質與追求遭到了扭曲。由於人的本質必定是善的，並且人自身有追求好的品格傾向。人絕非生來性惡，他也不是生來就有著追求壞與惡的特質傾向，除非我們要將有限的、物質的、暫時的、肉體的東西看作本來是惡的、壞的及錯誤的。因為上帝是願意在有限當中展現自己的，所以就只能透過有限而暫時的東西，並在有限與暫時中去達成目的。誰如果因此而將暫時而個別的，因此是有限的、物質的、肉體的東西本身視為壞的，那麼他就蔑視了創造，蔑視了業已形成的事物，蔑視了大自然，甚至在原本意義上褻瀆了上帝。同樣的，假如將人說成是按其本質的話，那人本身既不善，也不壞、不惡，那麼這就已然違背了人性，更何況甚至敢說人本身及其本質是壞的、惡的了。說出這種話的人，否定了上帝的存在，因為他否定了上帝的事業，也否定了真正認知上帝的方法及途徑，這樣，便將謊言散播到世界上，這種謊言是所有罪惡的唯一來源。如果說有一種本身能夠被稱為惡的罪惡，那麼說的就是這種情況，因為這才是最根本性的罪惡。但謊言本身是不存在的。它已經被否定並正如按其本質業已被否定一樣，它作為一種現象也將會被否定，因為人既不是隨謊言，又不是為謊言而被創造出來的，而是隨同真理並為真理所創造出來的。人也不會從其本質出發來製造謊言，而人的確會製造謊言，正是因為他是由上帝為真理而將其創造出來的。當一個人在既不自己承認這一事實，又不讓他人承認這一事實的情況下，就製造出了謊言。當他阻止他人在自己身上並透過自己由其純粹的本源中認知這一事實，並阻止他人承認這一事

實，此時便製造出了謊言。

　　人作為塵世當中的一種現象，身為凡人，是注定會在精神與身體、肉體與靈魂間出現一定程度的協調發展的，要與意識及理性之中獲得平衡。在人本身存在並透過人來表現、好像黏附在他身上與像一件偽裝的外衣裹在他身上的所有缺點，即壞的和惡的現象，只要他能夠對其本質有著徹底而明確的認識，只要他完全或部分的擁有了這種認識之後，能夠不被惡習與弱點消磨了力量和意志的話，那麼，他就能透過本身的努力來克服這些缺點。所有這些缺點與不良的行為，其根源在於人的兩個方面的關係都被攪亂了，這兩個方面即其自然性，就是隨著人的成長而逐步形成的東西及其本質，即人的內在實質。因此，人所具有的缺點的一切外在表現，歸根究柢，在於其善良的品行與良好的未來追求遭受了壓制或扭曲，被誤解或朝著錯誤的方向加以引導，因此，克服與消除所有的缺點、惡習及不良現象唯一的切實方法在於努力追尋及發現人天性當中的善良泉源，即人的本質（缺點產生的根源在於人的本質方面遭受壓制、干擾或錯誤的引導），隨後加以培養、保護並正確樹立起來，並加以正確引導。於是，缺點最終被消除，儘管需要與個人習慣進行艱苦爭鬥，而與習慣進行爭鬥，與和本來的人身上的惡習進行爭鬥相比越發艱苦。這一切做得越快、越堅決就越好，因為人自身是傾向於克服缺點的，是傾向於走上正路而不願去做壞事的。這裡應強調的一點是：不可否認，當前在幼兒及少年兒童的世界當中極為缺少真正天真無邪的、虔誠的意識，缺少彼此寬容、友好的忍耐的、真正的虔誠於美德與上帝

的意識，相反，自私自利、不友好，尤其是粗暴行為等卻占據統治地位。原因極為簡單而又單一，即因為不但沒有從早期開始就在兒童身上喚醒共同的感情並在此後悉心培育，而相反的，從早期開始，在父母與孩子間的這種共同感情就遭到了破壞與干擾。因此，如果要讓真正的友愛、天真無邪、充滿信任與愛的虔誠之心降臨，對同伴與他人的友好、寬容和尊敬就會重新占有優勢，那麼，唯有把當前在每一個人身上潛在的共同感情，無論多少，全部激發起來，並極為小心的進行培育。這樣，我們也一定可以很快的重新占據我們當前在家庭、社會與宗教生活當中令人十分痛心的喪失的東西。

　　少年兒童的諸多錯誤的另外一個重要根源是性急、不注意舉止、輕舉妄動，總之就是缺乏理性思考。支配著這一時期孩子的一切意識與身體活動的，本身無害與無過的，甚至是值得稱頌的行為，是為了滿足某種特殊情況下的衝動的後果，對於孩子而言，他的生活經歷中從未遇到過的，並在其腦海裡還根本沒產生過從事物的本身來對行動後果進行分析的念頭。因此，一個絕非懷有惡意的孩子選擇用磨細的石膏粉在他喜歡的伯父的假髮大肆塗抹，從中獲得了很多樂趣，而絲毫沒有認為自己有什麼不對，更沒有去考慮這種石膏粉對於假髮等的嚴重損害作用。另一個孩子在大水桶裡見到一些大而圓的瓷碗。他偶爾間發現，只要將這些碗重新撈起，然後朝著水面上跌落下來，便會在落水的瞬間發出悅耳的響聲。這一現象使他非常興奮。他一再嘗試這樣去做，認為碗在這樣深的水裡絕對不會破碎。他為不斷提高試驗的效果，將碗從越來越高的地方扔下。

然而有一次碗是以完全水平的姿態落到水面上的，並且落下的高度非常高，強大的衝擊力導致碗碎成了兩半。現在，這位自己探究的小物理學家站在為他帶來諸多樂趣的遊戲場所，因這一意外的結果而感到驚惶失措和困惑不解。當然，少年兒童在按照自身衝動行事時會在相當大的程度上帶有難以置信的盲目性。另一個孩子長時間將石子朝鄰家屋子的小窗上投擲，努力嘗試擊中它。但他既沒有預感到，也沒有注意到，假如石子真的按照他的願望擊中了窗戶，窗子的玻璃必然被打碎。最後石子確實擊中了，也成功了，孩子卻茫然站在原地不知所措。一個絕無惡意的，相反還是一個十分善良的孩子，他本身是很喜愛並愛護鴿子的，卻興致勃勃的試圖將彈弓射擊的目標對準鄰居屋頂上的美麗鴿子，而沒有考慮鴿子被擊中的後果，更沒有考慮，這隻鴿子也許是一群需要牠照料的雛鴿的母親。他發射了，美麗的鴿子殞命，美好的一對被拆散了，而剛長出絨毛的幼鴿則喪失了餵養牠們的母親等等。使人，尤其是使少年期孩子變壞的絕大多數是別人，是成年人，甚至是教育者本身，這是一個極為深刻的真理，否認這一個，會為生活帶來諸多惡果。他們是怎樣使得孩子變壞的呢？從孩子這一方面來說，或許是由於無知，由於缺乏慎重考慮，或者也由於教育者進行了錯誤的判斷和裁決，使得孩子產生了叛逆心理。可惜在教育者之中也存在著這種不幸的人。他們總是將孩子看成是邪惡、詭計多端、陰險的魔鬼，而另一些教育者頂多把孩子認為是實施了過度的惡作劇與過於放縱生活樂趣的結果，這些失職的人，特別是教育者，才將一個即使不是完全無罪，卻也天真無邪的

孩子變為了有罪的人，因為他們將孩子所不熟悉、沒能真正理解的思想與行動準則強行灌輸給他們。他們促使孩子做出了壞的舉動，雖然這並非是他們的本意。他們從精神上扼殺孩子，剝奪其美好的天性，使得孩子認識到，他的生命並非是透過自己和從自身獲得的，也不可能是自主產生的。但是真正的生命如今已被剝奪了，他也不可能使自己重獲生命。那麼這種脫離現實的認識有何用處呢？這種沒有實力的虛偽的願望有何幫助呢？他們相信，孩子就算退一步說先前並沒有什麼過失，卻也絕不會到達天國，絕不能在他的心靈身處有著天國，這樣，他們就已經把孩子扭曲為惡的、不善的人了，於是，仁慈的上帝就應將他們造成的惡果重新糾正，即他們稱之為「培養兒童的虔誠精神」的行為。

　　這種方法正如心地善良的孩子所採取的一樣，他抱有堅定的信念將被他多次折磨之後變得十分虛弱，有些甚至斷了腳的蒼蠅或甲蟲看作是已經被馴服了的生物。還有一些完全被衝動的內在精神支配著的孩子，儘管在表象上由於缺少觀察和注意，以及由於對外部生活缺乏認知而犯下的錯誤，使得他們有時令人討厭，然而他們卻擁有身為善良有為的人的內心深處的熱切追求。然而遺憾的是這些孩子最終或許確實變壞了，這是由於人們不但沒能理解其內心深處的優秀追求，甚至加以錯誤理解。但一旦在適當的時機，他們內心深處的追求被他人所重視，那麼他們便一定會成為極為精明的人。幼年和少年期的孩子時常由於某種錯誤和過失而遭受父母、教育者或其他成年人的懲罰，正如這些成年人自己兒時從其長輩那裡受過的懲罰一

樣。最為常見的懲罰方式，即透過言語進行懲罰，恰恰是在把孩子根本不清楚的那種錯誤的思想灌輸給他。因此，人對人、對孩子所犯下的罪過，遠多於對上帝犯下的罪過；因為一個孩子的惡劣行為怎能損害到表現德行上已得到證明與公認的天父的尊嚴呢？一個頑皮的孩子又怎樣透過言和行，從心靈與肉體上損害比他更小的孩子呢！人與人，和與上帝的關係也同樣是這樣。

正如之前已說明的那樣，兒童在此時期所進行的一切行為都表現出占據其心靈的一種深刻的渴望與意向，一種深刻、充滿人生意義的感覺。他的一切行動都具有共同的性質，因為他在尋求將萬物都結合起來成為統一體，並在萬物之中和萬物的彼此關係中發現自我。一種自己無法說明的內心渴望驅使他去發現自然界的各類事物，去發現自然界當中隱藏著的動物、植物與花卉等。因為一種堅定的信念在告訴他，使內心的渴望得到滿足的那些東西並不是暴露在外及存在於表象的，而必須從隱避處與黑暗處將其發掘出來。這種渴望的培養卻往往在兒童生命的早期就被耽誤了，而且甚至當兒童透過自身努力來培養這種渴望的努力也被過早干擾。因為得到自然的引導的這個年齡階段的孩子，不管他的力量如何微弱和缺乏自覺性，無論對自己心理的暗示如何缺乏認識，他所尋求的原本僅僅是將一切事物結合在一起的統一體，是必然而活生生的統一體，是萬物的根源——上帝，上帝不是由人的聰慧和才智設計並塑造出來的，而僅僅是始終與我們的心靈和思想接近的上帝，因而我們也只能依靠精神和真理去認知上帝，並依靠精神與真理向

上帝進行祈禱。少年兒童逐漸發育成熟，唯一能得到滿足的是發現他在模糊的憧憬與思慕當中所預感到的上帝，因為只有這樣，他才能同時發現自我。

　　所以我們要對步入學生時代的少年兒童自由活動的內部及外部生活進行一番觀察。那麼什麼才是學校呢？

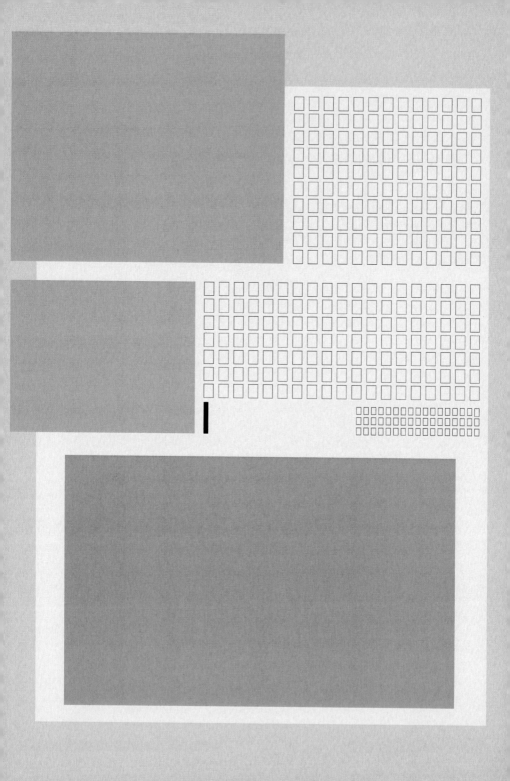

單元 15
學校的作用與意義

學校是一種組織，它致力於讓學生認識到事物與自身本質和內部特性，教他了解並使其意識到各類事物彼此間的內部關係、對人及學生的關係，還有對一切事物生命的本源和不言自明的統一體，即對上帝的關係。教學的目的在於讓學生獲得有關一切事物扎根、存在、生活於上帝創造的世界之間的見解，以便學生能夠有朝一日按照此類見解去處理生活中的問題並進行各類活動。達到這一目的的方法及途徑就是教學活動本身。因此，學校和教學應將外部世界及作為外部世界的一部分並和外部世界保持密切關係的學生自身，作為其對立物，作為不同於自己的，他並不熟悉的另一類東西，呈現於學生面前。再則，學校還要為學生指出各種事物的內部屬性、事物之間的關聯，從而使學生的認知朝著越來越高的層次有著普遍性和思想層面的成長。因此，一個學生或是少年兒童，一旦進入了學校，便會超出單純的對事物的外部觀察，而進入對事物更高深層次的精神理解。兒童不再局限於對事物外部的、表面的觀察，而進入對事物內部的深層次觀察，因而也達到對事物認識、洞察與形成意識的觀察，使得其脫出狹小的家庭秩序而進入更高的世界秩序，這就使他成為學生，而學校則成為真正意義上的教書育人型的學校。使學生獲得大量或是少量而有多樣性的，因而也只是停留在事物的表面現象的組織，稱不上是真正的學校，而只有讓一切事物變得富有生氣，一切事物得以擁有活躍的行為與生命的氣息，才是真正的學校應有的性質。所有對學校的領導、管理和組織等工作負有義務的人，對這一點都必須加以深刻考慮。因此，作為這樣一所真正的學校，要以

一種自身明確的意識作為前提，這種意識似乎飄浮在外部世界
與學生兩者之上和之間，將兩者的本質統一於自身內，把兩者
的內涵包含在自身內，在兩者之間產生媒介的作用，使兩者達
到語言的溝通與彼此理解。具有這種藝術能力的是教師（Meis-
ter），之所以稱為教師，因為他至少應能夠在面對大多數事物
（das Mehreste）時，最大限度（das Meiste）的指出事物的統一
性。[6] 他是一名學校教師（Schulmeister），是因為其任務在於向
自己與他人指出並使其理解事物內在的、精神層面的本質。每
一個學齡兒童也期望、相信並要求其教師做到這一點。這種期
望與信賴是雙方之間一條無形而強有力的紐帶。我們過去的學
校老師依靠兒童對自己的這種期望，這種天真無邪的信任，在
喚起孩子們真正的內心需求方面對他們及在他們身上所產生的
作用比今天的很多教師（Schullehrer）要大得多，而今天的學校
教師讓孩子們更多的認識和理解世間事物，卻並沒有向其指出
事物之間必然的、精神層面的統一性，並在這種統一性當中把
它們有系統的連結起來。

　　人們也許或許不清楚該如何來回答以下的幾個問題：儘管
有關學校的這種高尚的或最明晰的見解是真理，儘管關於學校
的一種精神的、內在的理想的確存在，然而在事實上這一點是
非常難以證明的，至少在某些場合下是可謂無法證明的，比如
一個擔任學校老師工作的裁縫[7]正坐在其講臺上，猶如正坐在皇

---

6 「der Meister」的詞根「Meist」是「多數」的意思，福祿貝爾又採用了文字遊
　戲的方法，把「Meister」（教師）與「das Mehreste」（大多數）和「dasMeiste
　（絕大多數）連結在一起，說明「教師」（Meister）一詞的含義。
7 在福祿貝爾生活的時代裡，德國鄉村學校的教師多數情況下都是委託從事

帝的御座上，孩子們在講臺下面正機械的朗讀 a-be、ab 及他所教的所有內容，又如，冬季時一位老年伐木工人正在陰暗的、被煤煙燻黑的小屋當中用像楔子釘進木頭的聲調將馬丁・路德（Martin Luther）的教義問答手冊灌輸給孩子們。在此類場合下，一般而言也就談不上什麼精神鼓舞、精神本質以及精神生活了。但是又恰恰是在此種場合下，的確有希望將教育做好，否則為什麼世間會有盲人為有腿部殘疾的人指路、身體發育不健全者會幫助身體虛弱的人站起來的事情呢？唯獨因為有兒童的信賴及孩子的天真才會期待並相信其學校教師會將外部世界的絢麗多彩在精神層面上統一起來，賦予知識以生命力，賦予學校生活以意義，正因為他是學校的老師，所以孩子才會有這樣的期待。這種期待，無論怎樣模糊不清，甚至是錯亂的，只要有它在，學校教師就能透過它而發揮自己的作用。這種期待和信賴就是讓萬物獲得活力的泉源，依靠這一泉源，自然界的各種知識都可以成為滋養頭腦的食糧，或是滋養內心的食物。這種期待與憧憬，這種讓萬物獲得活力的精神力量，儘管只是在被煤煙燻黑的房間當中迴盪，也會讓學童熱愛其學校。真正的教育精神，正如耶穌和上帝的精神一樣，不是透過外部的形態表現出來的，因此，就算有通風良好、設施齊全的教室，如果風從吹掉了高尚的精神生活、優秀的教學精神的話，也談不上是完善的教室。通風的、明亮的教室是上帝所給予的精美的恩賜，是值得所有教師與學生每天感激的。然而這種教室並非盡善盡美。馬丁・路德說過：「齋戒與身體方面的準備無疑是

其他工作的人兼職，這裡說擔任教師的是裁縫就屬於這種情況。

良好的外部條件，然而真正有著極大價值的是有著信仰與信念的人們。」這句話在教育當中也是適用的。兒童上學時所具有的信仰與信念、期望與預感將使所有的教育目的得以達成，將在上述學校當中產生非常強大的推動作用。因為兒童是帶著這樣一種純粹而堅定的信仰、內心的期望與模糊的預感跨進校門的：這裡將教給孩子那些在校外學不到的東西；在這裡，你將獲得滋養精神和氣質的食糧，而在學校之外，你僅僅能獲得滋養肉體的食物；這裡將真正依照兒童的期望與預感提供給你精神食糧，讓你無限滿足；而在校外，你所得到的食糧，在你享用過後，總是依舊飢渴難耐。兒童帶有這種信念，也會去傾聽出自教師之口的平凡話語。即使這些話語並不具有高度的教育意義。如果說一位裁縫、伐木工人或是織工，當其教導孩子時，對孩子而言他就不再是裁縫、伐木工人或織工，而是名副其實的教師，那麼在鄉村或城市當中的教師，無論是風琴師、唱詩班領唱或是校長，無論是現在還是過去，都是名副其實的教師，這一點便更加理所當然。但也要問一問每一位正在上學的孩子，讓他們捫心自問，他是帶著怎樣的感情走進學校大門的，更進一步說，他是帶著怎樣的感情走進教室的；對他而言，不管怎麼說，他每天曾經或多或少的意識到似乎他進入了一個高尚的精神世界當中。否則，剛入學的孩子能夠在整整一週內每天用一刻多鐘的時間不知疲倦的與帶著精神昂揚的感覺反覆背誦禮拜天說教當中的主要格言，例如：「你們首先要追求的是尊崇上帝的世界。」這又是怎麼可能的呢？否則，每個學生在整整一週中每天都興致勃勃的，帶著內心的振奮與滲透

入生命深處的強烈感動來吟唱那些內涵豐富卻又不熟悉的聖歌，不僅吟唱，而且甚至真正倒背如流，這又是怎麼可能的呢？我們不要將兒童在學校當中的某些放縱行為看作是與本書提到的情況自相矛盾的。正是由於學校的感化作用，由於內部精神力量的增強及學校教育目的的實現，也就是說，正是依靠學校的教導，兒童才能在沒有感受到約束的情況下，相當自由的行動。真正的學生不應該感到憂鬱，作風懶散，而應該朝氣蓬勃，具有強健的精神及肉體。因而，真正愉快的遵照自己健康的生活方式，勇於作為的放縱學生幾乎在任何時候都不會考慮由於他的行動，會對外部環境造成壞的後果。

如果我們相信在人的精神世界發揮作用的、振奮精神的、統一的力量隨著年齡和所受訓練的增加而增長，那是非常錯誤的。實際上是在精神世界內部發揮作用的、振奮精神的、統一的力量正逐漸消退，而膨脹的、對外產生作用的、創造的、造成多樣的力量正逐漸增長。可惜人對後者力量的感覺與意識很容易時常否定對以前存在的前者力量的認知與承認。這種情況及二者在本質上與現象上的混淆，導致我們在生活當中在學校管理與兒童教育方面經常出現較多失誤，甚至讓每一個兒童的生活喪失了真正的基礎與立足之地。我們現在對於幼年時期與少年早期兒童的那種精神力量發揮的作用的和力量不夠信任與重視，因此，這種力量對處於少年時期末期的孩子的作用很微小，因為精神力量得不到實際應用就會逐漸自行消失。或者我們將在兒童身上出現的，在他們身上發揮作用的力量當作是兒戲。因此，這種力量對我們而言也猶如磁石，人越是不去

使用它，不讓其他東西靠近它，或胡亂而不顧客觀規律的玩弄它，都會導致這種力量減弱或消失。當有朝一日真的需要磁石顯示這種力量時，卻已力量微弱，不堪一用了。對於兒童而言同樣如此，當以後需要他們展現出某種身體與道德的力量時，卻表現得極為虛弱與低能。為了正確評價與尊重幼兒及少年的此類內在活力，我們絕不能忘記我們的一位偉大的德國人所說的話：從嬰兒時期到一個開始能說話的兒童，所獲得的進步幅度要大於從學童到牛頓所獲得的進步幅度。那就是說，如果在幼年期之後要獲得的進步是比較大的，那麼，這時的力量也必然是較大的，我們應考慮到這一類事情。未來成年人的知識與見解的擴展、多樣性、獨特而具有一定的形態（即知識與見解的外延性）將掩蓋與否定對早期那種人的力量的統一、結合與振奮作用（內包性）的看法。因此，唯有精神活動才會讓學校成為真正的學校，使教室變為真正的教室，並非已經是個別化的東西本身的進一步分化（因為這個過程是漫無止境的），而是透過對存在於一切個別與多樣性中的，發揮統一作用的精神的注重、觀察與認知，來達到個別的與分化了的事物的統一。這就是讓學校成為真正意義上的學校的關鍵所在。切記，教授與介紹多種多樣的知識本身是無法使學校成為真正意義上的學校的，而只有讓一切事物當中永恆的活靈活現的存在著的統一體顯露出來才能真正做到這一點。然後，由於這一點現在時常被忘記與忽視，所以現在的學校教師有那麼多，而真正能夠做好教育工作的教師卻那麼少，有那麼多的教學機構，而真正意義上的學校卻非常稀少。

人們或許也不知道，或至少在過去不能，而且現在已然不能足夠明確與肯定的描述出，在真正的學校當中究竟充斥著一種什麼樣的精神，究竟應以一種怎樣的精神和氣質使學校獲得生氣與活力。也許甚至是那些純樸的忠實履行了自己天職的真正的、忠實的學校教師也未曾系統的認知這種精神，因而這種精神也就很容易消失了，並且消失掉的速度越來越快。令人遺憾與痛心的是，在生活中時常遇到的那種事情，在這裡也存在著：如果一個人不知道和不懂得他所擁有的東西，如果他無法明確意識到，並從而自覺的、自由的和自決的保持所占有的東西，並自覺、自由和根據自身的選擇把它從自己身上展現出來，那麼，就算是最為高貴、最為珍奇的恩賜，也會逐漸從他身上消失。兒童的期待、信仰固然可以為教育指明道路，然而人的意識、見解與自我決斷將會確保教育者和孩子明確、持久的堅持這條道路，因為人注定是自覺的，注定是自由與根據自己的選擇加以行動的。

　　學校到底是什麼？學校應該是什麼樣的？要明確的闡釋好這兩個問題，必須進一步了解以下的真理，即：兒童身為一個人，不但要教給他學習的對象本身，而且還應教給他與該學習對象相關的各類知識。否則，教也好，學也好，都是毫無思想的遊戲，它們對人的頭腦與心靈、精神與情感不會產生任何作用。

　　學校真的是必要的嗎？為什麼學校與教學都是必不可少的？學校和教學的本質應是什麼？它們應是怎樣進行的？透過以上的描述，這些問題同時也得到了解答，或從以上所描述

中，這些問題至少能夠容易而清楚的得到解答。我們作為同時具有精神與肉體的生物，應成為有思考的、自覺的、合乎理性的（具有親身感受）的人，因而要謹慎的行動。我們首先應力求訓練我們從上帝那裡獲得的力量和精神，之後我們將會知道，塵世間的一切事物也將獲得其存在的權利並獲得滿足。我們應增進自己的智慧和理解力。我們應知道，自己以及一切事物，都要按照自己在塵世當中表現與存在的方式，構成活生生的上帝存在於其中的一座宮殿。我們應知道，自己應完全像上帝那樣為人，並且，我們應按照對天父的了解並與天父完全一致的行動、做事。學校應引導我們朝著這一方向努力。因此，學校和教學是必要的。因此，學校和教學的性質應該與這一目的相符。

單元 16
學校應教給孩子什麼

學校應該傳授哪些知識給孩子們呢？兒童作為學生，應該學習些什麼知識呢？只有考慮人處於少年時期發展的性質及要求，才能很好的回答此類問題。而想要獲得關於人的發展的性質及要求的知識，則並非必須透過對少年時期兒童的表現進行觀察不可。那麼，透過對人的表現及表現的性質與方式進行觀察，我們應該傳授給兒童的是什麼呢？

　　處於少年初期的人，其生活和表現首先顯現在我們面前的是一個滲透著豐富精神內涵的自我（das geistige Selbst）的、富有生命力的東西，它也顯示了一種朦朧的預感：這種精神的自我決定、來源、依賴於一個崇高而至高無上的存在，這個存在究其本質也決定著所有事物的存在，一切事物都源於它，依賴它。少年兒童的生活和表現顯示出對一種富有生命力的、充滿生命氣息的感覺及預感，透過這種氣息，一切事物的生命得以延續，一切事物被這種氣息無形當中僅僅包圍，如同魚被水、人及所有生物被清潔、純淨的空氣所圍繞一樣。人作為少年兒童及剛剛開始學校生活的學生，將會感知到的精神本質，預感到上帝及所有事物的精神本質。他會力求將感知到的事物逐漸研究清楚，力爭做到證實其預感。作為少年，將會帶著預感、期望及信仰去逐漸熟悉整個外部世界。他相信在整個世界的內部與外部存在著一種與他身體內部相似的精神，這種精神與在滲透著他一樣，正在滲透著整個世界，它在他身上驅使著一種內心當中的、不可抗拒的渴望，渴望意識到這種支配全部事物的精神並獲得這種精神。這種渴望伴隨著每一個新的春天與秋天的到來，伴隨著每一個新的、清澄的早晨與寧靜的夜晚的到

來，伴隨著每一個安寧的祭日的到來並周而復始的再現著。外部世界對少年時期的人而言是以雙重意義展現出來的：或決定與產生於人的需求，即決定與產生於服從人的意志及命令的人自身的力量，或決定與產生於在自然界當中發揮作用的力量的需求。在具有形體的、物質的外部世界與心靈層面的、精神的內部世界當中出現了語言。語言原來是與二者作為一個統一而不分割的整體出現的，然後逐漸以一個獨立的形態從二者當中分離出來，並且正是因為這樣，使得外部世界及內部世界彼此連結起來。這樣，心靈與外部世界，首先是與自然，及作為媒介物連結二者的語言，形成了少年期兒童生活當中的核心，正如很多典籍當中所指出的那樣，這三者在整個人類發展成熟的過程中的第一階段就已經是人類生活的核心了。學校與教學應該透過這三者去引導兒童去掌握三方面的知識，但本身是高度統一，密不可分的知識：關於他處在各類關係當中的自身知識及關於整個人類就其本質及各類關係而言的知識，關於上帝（人的本質及其他所有事物的本質的、永恆的制約者，也是永恆的本源）的知識，關於源於永恆精神及受永恆精神制約的自然及自然世界的知識。學校與教學應引導人們去實現與這三方面相關的、自身統一而不可分的知識完全和諧一致的生活及行動：學校與教學應透過這些三位一體的知識去引導少年從欲望到意志層面觀念與知識體系的最終確立，從發展情志活動到自我意志的鞏固，並持續不斷的前進，以忠於其天職，達到使他在塵世中的生活得以完善的目的。

單元 17
家庭與學校間的關係

孩子是在家庭環境當中長大的，在家庭環境當中逐漸成長為少年與學生。因此，學校必然要與家庭保持緊密連結。因此，家庭生活與學校生活保持一致，這是此階段應引導我們達到人的發展和與教育的首要、必不可缺的要求。

　　學校與家庭彼此結合的生活、這種活靈活現的教學與教育生活的各個方面，必然會從人的這一階段的發展程度與開始學生生涯生活的少年的內部與外部需求當中產生如下幾項任務：

1. 重視、認知與訓練作為精神的載體及精神本質表現的媒介——肉體，同時有序的、逐步進行實現這類身體訓練所需的練習。

2. 首先連結自己周邊的事物，從近處的事物出發，對自然及外部世界進行觀察與研究，以便獲取關於自己周邊環境的知識，然後再由近及遠的逐步探索與認知。

3. 學會展現自然與生活內涵的短小詩歌，尤其學會展現那些可以賦予周邊環境中的自然物以生命，使自己的家庭生活具有意義的，並將這類意義以純潔、深刻的形式展現出來的短詩，並透過歌唱詩歌的方式去表達出來。

4. 從針對自然與外部世界的觀察出發，並向著內部世界觀察過渡的語言練習，始終要嚴格的著眼於表達於外的說話練習。

5. 按照從簡單到複雜的事物認知順序，逐步向前，按照規則與法則進行空間和形體的外部表現的認知練習。這類練習包括塑造，即造型手工活動，包括紙工、厚紙工、木工等，以及用尚未定形的，具有較強可塑性的材料，特別是

軟材料進行的加工塑造活動。

6. 在平面上透過勾勒線條對外部世界加以展現的練習。這是一種以人體縱向的中心線與胸部中間位置的橫線為基準的垂直與水平方向上，按照固定的、外部可見並明顯的關係進行的練習。上述兩種方向的線條多次交錯，展現出網狀結構，所以，這樣的練習也就是按照外部的必然法則來描摹網狀結構的圖畫練習。

7. 理解各類顏色的差異與相同點，還有它們在規定的外形當中的表現，在這一過程中應優先注意已經確定的表現形式，如在已經勾勒出輪廓的畫上著色，或優先注意顏色及其相互關係，如在網狀物及四角形上進行著色。

8. 遊戲，以自由活動的方式進行各種表現和練習。

9. 連結日常發生的事情，來講述歷史故事、傳說、寓言、童話等。

　　以上種種，全部分散在家庭及學校的生活與事務當中。處於這一年齡階段的兒童，我們應督促他們分擔一些輕微的家務勞動。他們在做這些事時，甚至可以安排其在手工業者和農民那裡接受教導，這種教導，將不亞於從父母那裡獲得的教導。特別是對年齡稍長的兒童，父母及教師應隨時注意讓他們學會透過自身實踐及判斷去獨立處理事情，如派給他一定的任務，以便其在行動中進行自我檢驗並堅定自己的判斷。尤其是對於年歲稍長的兒童來說是十分重要的是，每天至少要用一小時或兩小時的時間切實專注於處理某一項外部工作，專心於某一項以獲取外部事物為目的的工作。這樣的鍛鍊將會使得孩子產生

對生活具有非常重大意義的結果，沒有重視這一點也正是現在很多學校的缺陷所在。真正的教育與生活經驗告訴我們，智力活動及貫穿於其中的外部的，主要是身體的作業，製造出作品及產品的活動，不僅能夠加強身體，而且還能在很大程度上加強精神，加強精神活動的發展，使得精神在經過令人心曠神怡的勞作浴（Arbeitsbad）之後，能夠以新的力量與新的活力去投入智力活動。

假如我們觀察一下此前列舉的關於整合家庭與學校生活的內容，那麼，按照少年的所有要求可以歸為三類。

1. 較為平靜、安靜的內部生活內容。
2. 比較能夠接受外部事物的，在內部發揮作用的生活的內容。
3. 較為外向的、外部進行塑造的生活的內容。

因此，這幾類內容也能滿足人的一般性需求。其次，我們應注意到，這些內容、人的所有感覺、一切內部與外部的天賦及力量可以獲得發展，得到鍛鍊及養成，從而，人及其生活當中的諸多關係的需求也就獲得了滿足。最後我們應看到，所有這些內容的要求，無論它們看起來是多麼的豐富多樣而廣泛，然而其透過簡單組織的家庭及學校生活，透過學校與家庭結合的生活是容易獲得滿足的，因而這些要求也必然可以滿足這一發展階段當中人的各類要求。

現在讓我們就這些內容逐一加以探討。

單元 18
關於身體的知識及其訓練

精神與身體的培養沒能達到協調或二者沒能彼此相互促進的人，在一定時期與情況下根本無法知曉自己應該如何運用身體與四肢。假如學生事先沒有對身體與四肢進行真正全面的訓練及應用，並使之變為永久的財產，而只是受過一種讓教師與學生感到受罪的機械式的訓練，這種訓練可以獲得的成效是極為微小的，而且，不斷發出「坐直」、「把手放正」的指令也會讓教學喪失生命與效果。要想在生活與職業的所有情境中，與一切事情上始終保持強健活潑的身體，端莊的姿態和儀表，其原因只能是作為精神載體的身體此前得到了全面訓練。如果我們為孩童提供一種從簡單到複雜，對人的特質有著全面要求的，進行合乎客觀規律的身體訓練，即提供一種與精神訓練彼此一致的，與精神訓練緊密相連著的，受精神訓練制約的身體訓練，那麼，我們可以肯定的說，就算是大量的所謂無禮行為、粗暴行為及其他不端行為，也會逐漸消失，尤其是身處少年期的孩子更是如此，而我們也不必時常說，也不會聽見別人說「不可舉止無禮」、「不要粗暴待人」、「要懂規矩」等諸如此類的訓斥。因而，身體必須時刻按照精神所要求的那樣，去服從於精神，猶如演奏者的手按照心的要求去演奏樂器一樣。因此，沒有身體的充分鍛鍊，教育也就無法達到使人完善與訓練圓滿的目的。因此，從這一角度來看，身體與精神一樣必須經歷真正的學校式的訓練（當然，這並非是從孤立意義而言的）。並且，嚴格實行，從簡單到複雜逐漸推進，與人的精神關聯的身體訓練應是每家學校的正當的教學內容，因為這種身體訓練可以帶來真正的訓育。真正的訓育應是引導兒童重視自己業已

看到的、感覺到的人的價值，引導兒童在自己的一切行動當中嚴格、前後一致的重視由人的價值而產生的、具有人類本質性的最高尊嚴，讓這種尊嚴在其所有行動中展現出來，閃耀出璀璨的光芒。這便是這一年齡階段的兒童教育的既定而又積極的要素。而兒童與學生對人的本質及價值的觀念與自覺越發生動與明確，由人的整個本質產生的需求在他面前表現得也更加明確、單純、容易理解，也具有明顯的必然性，教育者也越發必須認真、堅決的實現這些要求，甚至在有所必要時，可以為學生的幸福而不惜採用以訓誡，進而採取處罰乃至嚴懲等方法。學齡前、少年期便是訓育的適宜年齡階段。唯有精神與身體的教養協調一致，真正的訓育才有望實現。

此外，身體或者也可以說是精神在緊張的頭腦活動之後也應有按照嚴格規定的、緊張的體力勞動，而這種遵照規定的體力活動反過來也會對精神產生較大影響。因此，唯有當體力活動及精神活動都處在有秩序的彼此連結當中時，才擁有了真正的生命力。

但身體的訓練還有另外的重要方面，就是身體的訓練能促使人，即少年，生動認識身體的內部結構，因為少年在此類場合下會尤其生動的感受到內部彼此作用的關係中的身體的各個部分。這種感受與只有幾分適宜關於人的內部結構的圖解結合起來，必然會在多方面促使兒童達到此前所說的那種對人體結構的認識、理解，及由這種認識與理解決定的對身體的重視及保護，至少會引起他們對身體的強烈興趣。

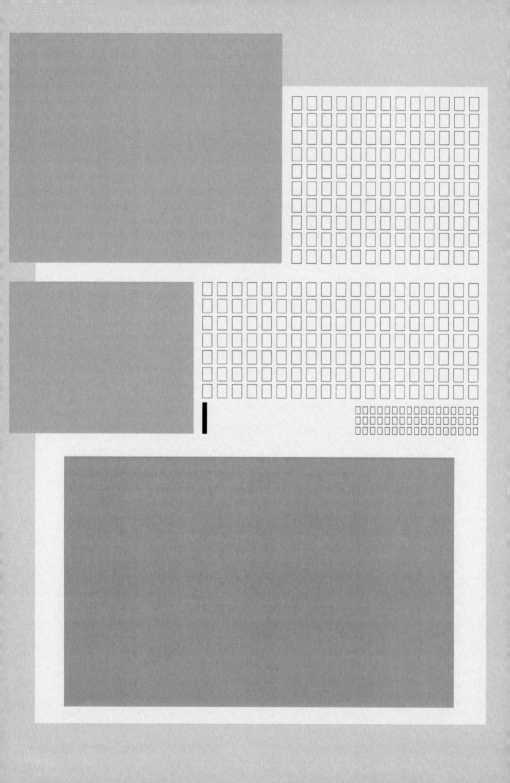

單元 19
學習詩歌的重要性與技巧

自然與生命是依靠其現象對幼年期的人類進行對話，只是它們的聲音如此低沉，以致還沒有發育成熟的兒童感官，還難以聆聽生命與自然的聲音，就算聽到並感受到了，也不懂得如何加以說明，使其成為自己的語言，以自己的語言去進行表達。然而，當他最初感到與意識到自己身為不同於外界的事物後，在他身上也已然產生了理解外界，尤其是理解自然的生命及語言方面的渴望，產生了可以在某一天將從外部一切方面向自身靠近的生命汲取到身體內部，並使其成為自身生命的一部分的預感。

　　歲月流逝，四季更迭。春天帶給世界以細苞嫩芽及鮮花，以歡樂和生命力來充實人，甚至是身處兒童時代的人的心靈，使血液越發活躍的恣意奔流，心臟更加有力的跳動。秋天帶著色彩斑斕的落葉及馥香，以希望與憧憬來充實人的內心，尤其是身處兒童時代的人的心靈。而嚴酷的，同時也是明朗、穩定而持久的冬天，最能激發勇氣與力量，而這些勇氣與力量、堅忍、克己的感情將使得兒童的心情與意識感到自由和愉快。所有的這一切，都是未來生命的預感，是靜止的、還處於睡眠狀態的內在生命力所展現於外的象形文字，一旦能夠對其加以正確的認識、評價和理解，便可以引導人去理解生命的意義，因此人們不應失去它們，不應讓它們化為煙霧。假如我們的幼年期與少年期如此空虛度日，以致沒有朝氣蓬勃及充滿活力的日子，沒有充滿著憧憬和希望、預感和信仰情感，沒有高尚的自我意識，那麼我們的生命還有什麼價值可言呢？我們必須承認，自己的幼年期與少年期還有當下這個時期，特別是少年期

曾擁有的憧憬和希望、預感和信仰是我們在未來的生活歷程中，以及為未來的生活汲取力量、勇氣和堅毅精神的泉源，它是取之不盡用之不竭的。「天國宣告上帝的榮譽」以及「害怕上帝的人是幸福之人」等話語是否表達了上帝及自然的讚美詩的作者在生活當中的基本思想，儘管這其中有著種種謬誤？儘管這種思想在其早期的生活當中無法用語言加以表達，然而在他最早期的生活當中，就已在他的心靈當中產生作用，並與之共存的、推動他前進的事物，會在他日後的生活過程中表現出來。這樣，這前一句不源自作者對自然的觀察，而後一句源自對人生的觀察嗎？救世主基督在其一生中的基本思想不也同樣如此嗎？他的話就是最好的證明：「你們去看看田間的百合花與在天空翱翔的鳥兒吧。上帝在培育與餵養它們；更何況身為上帝之子的人類，上帝會在何等程度上在生活的一切方面給予人類關心呢？」「我必須遵照我父親所做的那樣去做。」這兩句話不正是以對自然與人生的充滿思考的感受作為根基的嗎？

　　然而不但自然與生命與人在交流，人也願意將由此而從自身當中激發起來的，然而找不出言語加以表達的預感與感受流露出來。這些用來表達其預感與感受的言語，如今就應該按照其心情與內部精神發展的需求來提供給他了。

　　人與人之間的關係既不像某些人所錯誤認為的那樣，是流於表面的，也不是猶如某些人堅信的那樣，是容易在心靈層面彼此溝通的。不用說，這種關係包含有深刻含義與重大意義。僅就這種關係的和諧而言，就必須在兒童的心靈當中儘早進行培育，然而與其依靠牽強附會、直接要求的言語加以培養，毋

寧採用猶如透過鏡子反射的間接方式加以培育。直接要求的教育具有束縛、阻礙、壓制的作用。它能夠使得兒童馴服，使其成為提線木偶。間接鼓勵的教育，例如並非用於道德教育的那些詩歌當中所反映的那樣，會為兒童的心理與意志帶來自由，而這種自由對兒童的這種心理與意志的發展及增強是非常有必要的。只是在這種場合下，兒童的外部生命與內在精神仍須保持一致與協調，這一點，自然是首要與必不或缺的要求。這一點，在生活當中越是可能表現得稀少與不明確，便越是應在可能的情況下予以培育。甚至通常幾乎不去接觸生活的教學，以及通常脫離生活的學校更應進行此類培育。

讓我們走進此時正在此種意義上與按照此種精神進行課堂教學的教室中去看看。

教室裡聚集著十二名以上六到九歲的活潑孩子。他們清楚自己今天將再一次在老師的指導下快樂的唱些某些歌。

排列整齊的孩子們正在等待著教學活動的開始。

教師偶爾在下午時會因事不能到場。晚上時，他走到孩子跟前對他們反覆的按如下曲調歌唱：「Guten Abend!」（晚安！）。

對他們唱的這首「晚安」出乎意料的極為接近他們的生活，使得他們充滿喜悅、愉快之情，大聲的歡笑著。

隨後，教師說：「我能否得到你們的還禮呢？」並對他們再唱一遍：「晚安！」

大多數學生都以說話的方式回答：「晚安！」有的學生則回答：「謝謝！」少數學生能夠同樣以唱歌的調子回答：「晚安！」

　　這時教師會專門對這部分歌唱的學生說：「你們也對我唱一首『晚安』的歌吧！」於是，學生便輕聲用如下調子歌唱起來：

（第一個學生）（第二個學生戲謔的歌唱）（第三個學生）

　　老師要求另一些學生以同樣的方式去演唱，他們以與教師完全相同的或是近似的調子歌唱著「晚安」。

　　教師：「（第一個學生）已對我唱完『晚安』了，如今請你們共同對我唱。」於是學生們便遵照著第一個學生的方式一起唱起來。

　　教師：「（第二個學生）已經對我唱完『晚安』了，現在也請大家一起對著我唱。」於是他們又遵照第二個學生的方式一起唱起來。

　　教師此時又以敘事式的方式繼續唱道：

（野外既荒涼、又寒冷）

「是這樣嗎？」他問道。「好吧，現在讓我們齊唱。」

（教師與學生一起重複前面的歌。）

教師繼續以敘事的方式唱道：

（風在樹林中呼嘯）

「這也是確實如此嗎？好，我們也齊唱吧。」

　　現在他們共同演唱這首歌的全部內容。

　　現在由對這首歌有著真正較深感受，且能對此重新加以表述的學生單獨來唱這首歌。

教師就這樣抓住由一年四季的季節印象帶來的感覺，並透過自然現象的描述，將這種感覺表現出來，透過唱歌與對唱的方法將教學活動繼續進行下去。

　　透過此類教學，耳朵與聲音應同時得到發展，透過言語與聲音表達出來的感覺，應變得敏銳了。如果外界的事情在今天與昨天都比較相似，那麼，今天的教學活動也與昨天一樣開始並延續下去。這樣，孩子們多次重複唱同一首歌，其中一位孩子快樂的說：「我們可不可以立即再唱一首關於陽光的歌？」這個問題自然顯示孩子們在經歷了長時間連續不斷的雨、霧、風的感受之後，重新渴盼遇到一個晴朗日子的衷心期望。教師對兒童的這種感情做出了回應並唱道：

　　（燦爛明朗的陽光啊，快快回來吧！）

　　孩子們也共同歡快的跟隨老師這樣歌唱起來。

　　此處所介紹的教學過程，起初的課程是特意安排的，因為此類課的內容絕不是孩子們喜愛的。荒涼、陰鬱的秋天，潮溼、寒冷的夜晚無法激發他們的精神，而早晨、春天、春天的散步、山坡上的休息等活動更適宜喚起孩子內部的精神力量。然而由於孩子們在起初體驗到了那種陰鬱的情景，而如今更加強烈的憧憬著美好風光的兒童，必然會更加興高采烈的迎接那在絨毯般皚皚白雪覆蓋下的原野上，陽光乍現的第一個晴天與第一個明亮的月夜星空的到來，並且必然會更加熱烈和發自內心的感激新春的到來而歌唱：

　　看，多晴朗的天空！

葉子、花朵與雜草

點綴著田野與森林。

或：

歡迎你，回春的原野！

歡迎你，蔚藍的天空！

歡迎你，鮮花滿布的河谷與草地！

我們歡呼，春天已然到來！

這類匯聚了詩歌、短歌與短詩的表現形式，具有實用價值的詩集在世上並不罕見。一個醉心自己事業，充滿事業心的教師可以從中汲取很多對自己有用的知識。這些書都是眾所周知的，對於那些渴望了解其內容的人而言是更為熟悉的。如果這些書裡的詩歌描寫與表達不夠簡短，特別是個別感受與印象的描寫及表達不夠簡短，那麼一個專心並善於思考的教師是容易將兒童瞬間的感受與感情，還有關於自然的印象轉變成活靈活現的描寫詞語的。

在這些描寫的詞語當中，也不乏關於幼兒及兒童生活的表現的，如：

我們是孩子，歡快的奔跑跳躍，

猶如森林當中的小鹿；

但我們也需要認真學習，

因為孩子們也會逐漸變老。

也有展現一人或多人的特殊生活的詩歌，如：

可愛的小鴿子，你帶給我歡樂；

吃的在我手中，快快飛來享受。

表現動物生活的詩歌，如：

你希望聆聽一首美妙的短歌嗎？

那就去聆聽蜜蜂歌唱吧。

牠可以出色的唱給你聽，

每個人都熱愛勤奮與藝術。

特別是表現人與人之間關係的，如：

假如我是小鳥，

並且也有翅膀，

我將飛到你的身邊。

母親啊，我的母親！

請別再逗留在遠方。

或是：

知心的快樂弟兄們，

和藹親切的姐妹們，

在這個相親相愛的社交圈裡，

我哼著快樂的歌，

學著和睦相處。

或是：

如果兄弟姐妹能和睦相處，

是多麼可愛，

又是多麼美好！

假如他們手挽手共同走過美麗的土地，

同樣可愛，

同樣美好；

假如我們看到他們一起漫步，

美而又美，

好上加好。

關於幼兒和少年內心生活的詩歌，如：

小小的天使

一個天使悄悄四處遊蕩，

誰的目光都無法捕捉到他，然而他可以看到一切。

天國便是其故土，

並受慈愛上帝的派遣。

他走門串戶的拜訪，來到一間小小臥室；

這裡降生了一位漂亮的孩子，享受著父母給予的愛護。

天使願在此處定居，

永遠陪伴著孩子。

還有一首是：

充滿歡樂的甜蜜日子啊，

請別遠離我！

我身穿年輕人的華麗服裝，

感受著幸福的甜蜜。

我在皎潔的月光下酣暢的入睡，

在新的一天的晨曦當中醒來，

為了這全新的一天，

我盡情歡呼。

　　然而在這種教學過程當中，我們不該忘記，如果因為它表現兒童在自身的生活中的特點而稱其為教學的話，那麼它必須猶如樹上的蓓蕾和幼芽那樣，從學生自己的生活當中自然產生。兒童在接受言語與聲調的訓練之前，應先有感覺與內在的精神。我這裡所說的教學過程和人們通常實施的教學過程間的根本區別就在這一點，後者僅從外部將短詩短歌教給幼兒和兒童，因此，這些短詩與短歌不能喚起生命，也無法表現生命。

單元 20
學習空間表現的方法

人逐漸發展與形成直至實現自身的使命與天職，不但需要從早期開始接受教育，甚至從孩童時代起，從外界接受與吸收諸多知識，而且，假如從程度上予以衡量，更多的是透過自身所發揮及表現出來的特質，以及發展與形成的術語本身所展現出來的東西。經驗與歷史也向我們證明，為真正的人類幸福做出過切實與感人貢獻的人之能夠有所成就，他們依靠的事物，從自身當中展現出來的要遠多於從外界吸取的東西。因為眾所周知，我們在忠實的教給別人知識的同時，我們自身的知識水準與洞察力也得到了增強；同樣的，眾所周知，自然本身也在教導每一個人，力的使用不但能喚起力的作用，而且也能加強與增進力的作用。並且，在生活與行動當中接受並理解各類事物，相比於單純依靠言語與概念來吸收和理解事物，對於人能力的發展、形成與增強更為實用、效果更佳；同樣的，在實際生活當中，即在行為與行動當中，與思考、思想與言語相結合加以塑造，相比透過抽象的概念與言語的表現（儘管這同樣是一種表現形式），對於人的發展與進步而言有效得多。少年兒童的生命活動的核心目的，原本只是為了向外部世界表現自己。實際上其生命原本只是向自身之外的世界表現他的內在，表現他的力量，尤其是在物質中並透過物質來展現其內在，表現他的力量。在由他所塑造的事物中，他所看到的並非是要求與應滲透到其內部的外部形態，而看到的是在其中展現出來的、要求表現與應該表現出來的精神及其規律與活動特點，尤其是授課與教學的使命為：與其說是將知識注入到心靈深處，毋寧說是將更多的知識與認知從人心靈的內部引發出來，因為

能夠進入心靈內部的事物，我們已經知道，並已成為人類的財富，並且每個人，只是因為他們是人類，必將按照人性的法則從自身當中鋪陳與發展起來。但是，那些有待於從人性深處展現出來的事物，那些將使並應使人性得以發展的事物，我們還不清楚，究竟是否為人類的財富，但儘管如此，人性，正如上帝的精神一般，是永恆的從自身當中發展出來的事物。儘管這一點從對生活的觀察當中，從對自身與他人生活的觀察中，可能並應該表現得比較明確，假如我們以正確的態度來對待自身，明晰的觀察並掌握生活的原因，那麼，即使是我們當中的優異者，也會受到從外界偏見的蒙蔽，以致我們需要付出艱辛的努力與自我克制才可能傾聽到正確的意見，而且即使如此，也僅能在極為微小的程度上傾聽到正確的意見。我們至少要承認，假如我們確信自己有著較深刻的洞察力，並對孩子抱有良好的，甚至是最美好的願望，如果我們談論孩子的未來發展，那麼實際上我們在談論強制接受和灌輸我們的影響給孩子，而根本不是試圖發展孩子的意志與願望的精神發展，並陶冶其情操，我們說的只是打上某種印記或是塑造出某種形狀，儘管我們都驕傲的堅信自己早已脫離了這種扼殺精神的行為與思想。因此，由於我們因為種種原因而無法承擔對子女的教育工作，受我們的委託來教育孩子的人，我們當然也對他們能否正確引導孩子而感到擔心。耶穌（我們的最偉大榜樣）說道：「讓孩子們來到我的身邊，而不要試圖阻止他們，因為天國是屬於他們的！」這句話並不是意味著：不可以阻止他們，因為天父給予他們的生命至少應原封不動的在他們身上發揮著作用，這個生

命的自由發展對他們而言是可能的。難道我們無法從這句話當中，並從耶穌的訓誡中聽到上帝的聲音嗎？教育者應去聆聽誰的話呢？是傾聽上帝的，還是我們這些凡夫俗子呢？而假如他們可以欺騙的話，應去欺騙誰呢？上帝還是普通人呢？上帝，是不可能被欺騙的，而人，是不應被欺騙的；因此，他們應對上帝絕對服從，更甚於對人的服從，並且他們應明確的說自己只打算更多的服從上帝，並實際上也正應該這樣去做。因此，他們應寧可徹底放棄教育，而不對兒童施加壞的或錯誤的教育，因為上帝將這一天職交給了真正能夠實施正確教育方式的人，而不是那些滿懷偏見的人，因為個人與人類的幸福只存在於人類之間的精神力量的全面而自然、合理的發展過程中，而人類的任何發展過程都會對人性的發展產生阻礙作用。正是從這一關係來分析，從自身透過外部可見的工作、外部的創造活動所達到的合理的、合乎自然法則的全面發展與表現的關係上看，我們如今的家庭教育是非常空洞、毫無系統與充滿了隨意性的，因此，家庭教育首先需要一個自然而又合理的支點，積極推動家庭教育的科學發展。

人要從給予具有形體的事物以改造開始，使自己精神透過客觀事物在外部得到展現。這一發展過程也清晰的表現在人類自身的發展過程中：人的精神的外在表現賴以發展和進步的那些實體性質的事物，必然包含著內在發展的法則及條件本身，並要求將這些法則與條件展現出來。這些事物是矩形的、立方體的、方柱體等形態的事物。由這些材料所決定的形成方式有兩類，一類是在外部累積的，即建設的方式，另一種則是在內

部發生的，即形成的方式。建設的、累積的事物正如在人類發展過程中及自然界中的結晶體中最先所表現的那樣，在兒童當中也是最先得以展現的事物。垂直的、水平的及直角的事物的重要性，是在自身以外以建造的方式展現出來的兒童所獲得的最初經驗；平衡及均齊是其次。這樣，他從建造不黏合的和黏合起來的非常簡單的牆壁，到建造較複雜的建築物，再逐步上升到發明每一種借助外界材料建造的完整建築。在一個平面上進行平板式的彼此拼合（本來只是並排在一起的），對於兒童而言，遠不如讓物體彼此重疊更具吸引力。這是人在童年時代就已在其活動中展現出來的精神更加傾向於全面發展的證據。線條的組合看起來表現得更晚。因此，人的發展過程及教育過程是逐步擺脫實體的，使物體更具抽象性與複雜化創造的過程。圖畫取代了實體的線與線、立體圖形之間的關聯，繪畫與色彩逐漸替代了實體對象，由立方體的基本形式發展而來的物體取代物體的累積，也就是說，展現出了真正的形成、造型和塑造的過程。

　　儘管這個由上帝與自然經常表現出來人的一般性的陶冶過程是任何人的眼睛都可以看到的，是一個活靈活現向前發展的，不斷從對外部的事物的認知，向內部的精神層面進步的過程，但我們仍然要提出這樣的疑問：這些練習對我們的孩子究竟有何意義？並且儘管如此，假如不是那無聲的發揮支配作用的神之意志恰恰在我們沒有察覺的情況下，或者在我們本身忍受著他人在這方面所採取的對抗性活動與努力的情況下，引導我們走上這條道路，我們大家或許還不會站在如今的立場上。

人應該至少在自己的意識當中反覆想到人類的事業，以便這些事業對他而言不至於成為毫無生命價值的堆積物，不會成為空虛而死氣沉沉的東西，以便他對於這些事業的判斷不會是流於表面的、沒有精神的。同樣的，他應在內心深處經歷一次人類業已經歷的道路，以便他能夠理解人類與自己。儘管如此，關於我們在此處所談及的少年兒童的各類活動，即從精神與法則出發，為有意識的目的來確定兒童的活動，我們可能會說，人是不需要進行這種活動的，我的孩子不必參加這樣的活動。或許有一點的確是不可知的，是否必要，這是我不清楚的，但是我清楚的是，活力、活動、判斷、堅毅、思考等對他的孩子是絕對必要的。這一切都是他必須去學習的，必須更多的獲取的，因為懶散、怠惰、無知、過多的顧慮，這對兒童而言是非常可怕的毒害，而相反的一面則是使得精神與肉體健康，家庭與公民獲得幸福的靈藥。

在這裡，教學過程也由自身決定，正如我們通常在找到真正的出發點，透澈的了解了教學對象、掌握好教學目的的情況下所做的那樣。

用來進行組裝練習的比較理想的材料是一套木塊，其兩底邊面積為 1 平方英寸、長為 1 至 12 英寸，並逐英寸遞增的一套木塊。現在我們假如從每種長度的木塊當中取出 12 塊，那麼，兩種不同的長度，如 1 與 11 英寸，2 與 10 英寸等，始終能夠構成一個底邊長為 1 平方英尺，厚度為 1 英寸的一個立方體，所有的木塊與若干較大的木塊拼接在一起，能夠形成一個大於 0.5 立方英尺的層。這些木塊最好能夠被保存在一個內部

空間恰好與之等大的箱子裡。這樣的一個積木箱，通常還能夠在各類教學活動中得到多方面的應用，應用方式可伴隨兒童的逐漸發展而有所變化。另一種材料則是縮小了的磚頭形木塊，八塊放到一起是縮小了的 1 立方英尺，即實際長度單位為 2 英寸，而被假定長度為 1 英尺。前面確定的組裝材料，不同種類、不同長度的木塊在數量方面是均等的，這裡則不同於以往，數量最多的是磚頭形的木塊，至少有 500 塊。此外，2 倍至 6 倍長的木塊比較稀少，0.5 倍長的木塊同樣是較少的。木塊還要以同樣的方式被區分為 1 倍、2 倍、3 倍等長度的幾類。

　　需要注意的第一點是要讓兒童學會將各類組裝材料按照大小進行區分，並給予各種名稱，並加以分類，並在組裝的過程中始終保持嚴格的區別並按大小順序加以編排。要注意的第二點是，出現的、建造好了的東西，每次都要與言語的表達結合起來，並要進行高聲朗讀，例如：「我建造了一座能夠重疊堆積而成的、垂直於地面的、兩頭同樣垂直的、敞開的一個門戶，兩側各以同等的比例開著窗戶的牆。」從牆開始，最早建造起一棟只能開一扇門戶的直角四邊形的簡易房屋，然後建造一棟在體積、門窗的數量上都得到擴大的房屋，最後則建造一個帶有隔牆的，房間按照區域劃分的，從單層到雙層等逐步增加的房屋，以此類推。

　　板塊組合的活動與此類似，然而在某些關係方面顯得更加複雜。

　　用至少 0.5 至 5 英寸長的小木棒造型允許在應用方面有更好的多樣性，包括擺出字母形狀、描繪圖案、建造建築等。

任何一種用紙張與厚紙板建造的模型都有其獨特的塑造範圍與發展順序。

　　應用具有可塑性的軟材料，並按照立方體的形體本身的發展法則進行塑造，與以上的活動相比，是更深一層的造型，是進一步發展的活動，也是只適用於精神力量的發展已達到一定水準的兒童的活動。然而這種活動，正如應用同樣的材料加以自由的造型與塑造一樣，在更大的程度上屬於緊接在此年齡階段後的更高年齡層面上的少年期兒童的活動。

單元 21
如何讓孩子理解顏色

明確理解顏色及其關係，能夠清晰意識並理解這一點，特別是為了達成這一目的而去研究彩色的物質與顏料，這是兒童必須的教育歷程，尤其是處於少年初期的孩子必須接受的教育，這一道理是每個教育工作者的共識。將顏色應用於日常生活，並利用顏色進行創造，儘管在不同的人身上所展現的程度不一，卻完全都是在少年時代早期的特徵。難道還能其他情況嗎？兒童所進行的一切活動已經要求運用顏色，首先他要透過認識和利用每一個個別事物及其形狀來發展其力量、特質與能力，即他所能感覺到的生命的整體，並加以練習、運用。此外，一切顏色都是由光的散射所決定的，顏色與光有著最緊密的關聯。而且顏色與光都是與生命的活動、進化有著最密切的關聯。兒童有意識或無意識的預料到顏色的深刻含義（這種含義與從另一側面觀察到的自然中的形狀的意義是相同的），這是光的本質的顯而易見的表現。透過顏色洞察地表的光的本質、陽光的本質，是少年時代如此喜歡對顏色進行探究的少年本身所沒能意識到的最根本的動機。

　　吸引孩子注意力並為他們帶來喜悅的絕不是外部世界的豐富顏色，否則兒童只要擁有這些擁有多彩顏色的物體便會滿足。然而僅有豐富的顏色，恰如說豐富的事物對於兒童的關係一樣，絕對不會讓他們滿足，而能讓他們獲得滿足的是內部關係的展現和發現，是讓多彩的顏色變得富有靈性的力量。否則，兒童只要身處豐富的事物之間便會滿足，而我們也不會經常聽見有人對那些不感到滿足的孩子說：「你倒是說說，你究竟還想要什麼，你已經有了這麼多東西了，而你卻依舊沒有安

寧下來。」兒童正在尋求生命的統一、外在表現以及與世界萬物的連結，總之在尋求生命。因此多彩的顏色才能夠吸引孩子，以便其在多樣的事物當中達成認識統一，認識事物的內在關係。因而孩子喜歡將各種事物組合起來，將其統一在相同的顏色下，以獲取內部統一的認知。儘管少年的這種衝動意義重大，然而我們是如何來看待與處理這種衝動呢？我們是將這種衝動的發展，將對顏色的理解及應用，發展為處理一種偶然的事件。我們不加區分的將顏料與畫筆和某些其他物品共同交給孩子們，恰似偶然間甚至也出於善意為動物提供食物。但是他們如果像對待其他玩具一般，將這些東西隨手丟棄，恰似動物將不合胃口的事物拋棄一樣。否則，他們應怎麼去做呢？他們自己不懂得賦予這些東西以生命與統一，而我們又無法幫助他們去做到這一點。

　　由於形狀與顏色對兒童而言首先還是作為不可分割的整體出現的，然而也是相輔相成的展現出來的，從而被人們所認識與理解，因而為了透過教學訓練並觀察事物，來讓孩子們能夠精準的理解色彩，必須對如下三方面進行考察：一，形狀應簡單與確定，應完全適合它所所對應的東西。二，顏色應盡量純粹與清晰，並盡可能與常見事物的顏色，尤其是與自然界存在的事物的顏色接近或一致。三，各種顏色應符合類似事物在自然當中的關聯，能夠在融合的統一關係中加以理解。顏色本身須按照給予人們的印象而加以明確理解，而且，它也必須能夠明確的透過言語表達。首先是學習純粹的顏色，如紅、綠等，然後根據這些顏色內部的強度對其加以區分，如暗、濃、明、

亮等。其次是對個別顏色按其種類或是混合的方式進行研究，後者採用兩種不同的方式，一方面拿顏色與事物進行比較，如玫瑰紅、硫黃色、天藍色等；另一方面則是將不同的顏色之間進行比較，如青紅色、黃綠色等；或近似的顏色：如帶一點綠色的黃色、帶一點藍色的紅色等。由事物推導而來的顏色名稱，必須盡量透過事物本身進行觀察，如紫羅蘭色的事物。

同樣的，在使用彩色材料的情境下，一次只為孩子提供為數不多的幾種顏色，但這些顏色的性質應盡量是確定無疑的。中間色應在此後有機會時讓學生自己使用原色調製出來。教學本身很容易與兒童的日常生活彼此結合。這種機會在兒童的日常生活活動中是極為常見的。每一個群體都有著獨特的生活活動，並且他們應有這類生活內容。如果正確抓住了這些機會，教學內容就會滲透入孩子的生活中去，成為孩子知識與生活感悟的一部分。

現在我想將過去曾見到的與如今正看到的一切都寫下來。境遇越是有利，事情的開端也越符合理想。境遇是無法造就的，然而能夠加以利用。適合接受這類教學活動的大約十二名這一年齡階段的兒童圍繞在老師的周圍，猶如羊群圍繞著放牧者。猶如牧羊人將羊群帶到豐美的草地上一樣，教師引導孩子去進行愉快的活動，因為此時已經是星期三的下午了，日常的課業已然結束，今天又沒有其他教學活動。時值秋天，繪畫的興致已多次在這個快樂的團體中的每個孩子身上洋溢出來，因為或許秋天最能激起孩子們繪畫和進行色彩展現的興致，因為晚秋時節裡，大自然裡的顏色是非常多變的。每一個孩子已試

圖用自己獨特的方式與途徑去滿足自身的這種欲望。

「來，我們一起畫畫吧。」教師說。「你們儘管已經畫過多次，並且也畫過很多，然而繪畫本身還有你們所畫出的東西，並不總是可以讓你們滿足，因為你們畫得還不清晰，並不純正與明確。來吧，讓我們一起來看看，我們能否一起畫得更好。但是我們畫些什麼對我們來說還不是太難的東西呢？因為我們首先是想學習，所以要畫的東西必然是簡單的，並且最好是單一顏色的。」

學生們很快就發現，樹葉、花朵、果實是最好畫的東西。

於是，孩子選擇了樹葉，因為豐富多彩而美麗的，染滿了紅、黃、褐等顏色的樹木，還有在美好秋日當中帶著細微的沙沙聲從樹枝飄落的，猶如彩色地毯般落滿樹木周圍土地的那些五彩斑斕的樹葉，吸引了孩子的注意力，以致他們懷著喜悅的心情將這些葉子編織成花束與花環帶回家。

「這裡有著樹葉的輪廓畫。」這是教師為這一教學目的而特地搜集起來的。「請看看這些！你們將怎樣繪製這些樹葉呢？」

學生：「綠、紅、黃、褐色。」

教師：「你們將挑出哪些葉子來畫成綠色、紅色或是褐色呢？」

「為什麼是這些葉子要畫成黃色，而這些要畫成紅色呢？」教師這時將準備得最恰當的、塗在四方形小玻璃板上的水彩顏料分發給學生。給學生的顏料最初也可以按適當的稀釋度裝到顏料缸裡。

最初的練習要求孩子們正確理解顏色，並正確的稱呼顏色。然而這時不可以要求孩子為樹葉配上嚴格對應的顏色，而只要求配上盡可能與實物較為接近的顏色，這一點幾乎是不言而喻的，因為這裡並不要求孩子能夠同時解決表現實物與理解顏色、使用顏料的問題。顏色的平均分配並不能超出輪廓線的範圍，是眼下還需要注意的事情。保持正確的姿勢，以達到臂、手與手指的自由活動，這也是不言自明的道理。

　　由於每種顏料都有著獨特的使用方法，因此直到學生在一定程度上業已掌握某種顏料之前，不要急於從一種顏料轉換到另一種顏料上。

　　畫樹葉再進一步就是畫花朵。選擇的花朵應是大的，最好是單瓣花冠及擁有一種或幾種規定的並受嚴格限定的顏色，如藍色的風鈴草、黃色的櫻草、黃水仙等，也可選擇複瓣的花朵，並讓學生從不同角度來繪製這些花。

　　然後再從單色的花或物體過渡到有著兩種顏色的花或物體，但始終採用明確區分的顏色，例如旋花類、黃花櫻草、燕麥花、豌豆花等。

　　隨後逐漸過渡到三色花。

　　盡可能準確的理解並展現顏色，並以明確的語言來表述顏色，這是必須始終堅持的教學意圖，讓孩子盡量非常肯定的說出各種顏色，盡可能明確的了解顏色之間的外部關係。

　　待孩子對顏色已經有了較為明確的認識後，再從較小的空間擴展到較大的空間，並在逐步增大的、始終不間斷的延伸

的，或是有間斷的平面上，以均勻的濃度，限定在邊線範圍之內的地方進行色彩表現。首先在網的一個方格的平面上展現一種顏色，然後是在兩個方格乃至五個方格；可以連續的進行，即一個方格的邊框與另一個方格的邊框接觸；也可以間斷的進行，即一方格之角與另一方格之角有所接觸。

透過這種練習，學生將會對每種顏色的特徵，隨後是每種顏色的使用方式獲得明確的認識。

這種練習最初應從純紅、純藍、純黃開始。接下來是關於純中間色的練習，即關於純綠、純金黃與純紫羅蘭色的練習。

為什麼每個系列的顏色都是從練習紅與綠開始呢？過往的經驗告訴我們，這兩種顏色與兒童的關聯最為緊密，並作為各系列練習的開端也最符合兒童的興趣。

到目前為止，都是在持續、不斷的或是彼此交錯排列的、有間斷的平面上只就一種顏色加以練習，現在要以同樣的方式對兩種、三種，乃至此前提及的六種顏色彼此結合進行練習，而且是按兩種關係來加以結合的，即或者以最後形成的五個網格面的長邊同時成為各種顏色共同的接觸面，或者是落在對角線上的各網格的各自的邊成為不同顏色的接觸面。

此時，從藍色到綠色，到黃色，到金黃色，到紅色，到紫羅蘭色的排列與順序是最適宜的，並在最大程度上能夠顯示與自然的一致性，因此在練習中這種方法是必須加以堅持的。

這一發展階段到後期展現出來的現象是四種顏色的彼此組合，正如在網格面上進行畫線練習裡的兩種線條組合相似。這

四種顏色的組合是按照由事實產生的同一條法則表現出來的，並在關係著一切的中心的制約下，朝著透過網格構成的一切方向將顏色的系列展現在旁觀者面前。

該四種顏色的組合首先顯示出兩方面的根本差異：

同樣顏色的各種正方形彩色面彼此連續的在一條長邊上結合在一起，即以垂直及水平方向彼此區劃開來，或者，種種彩色面彼此間斷開；同樣顏色的正方形僅僅在網格的對角線方向上，與正方形的角的頂點彼此接合，不同顏色的彼此間斷的面同樣在這樣的對角線方向上彼此接合，即在對角方向上彼此接合。

這兩種顏色組合當中的每一種，與線條組合完全一致，又分成兩類不同的組合。其中之一與一個可見的中心產生關係，可以說是從這個中心出發的；其中之二與一個看不見的中心產生關係，它包含與包圍著這個中心。

這一階段的教學活動以這四種顏色組合的表現作為終結。根據教程及事實所展現的法則獨立而自由的發現各種顏色組合（完全猶如發現網格面上的圖形那樣），進一步理解顏色的強度與濃度，借助正方形來理解與摹寫自然形態。

單元 22
遊戲引導孩子自我展現

這一年齡階段的少年遊戲，即自發活動有如下三種，即：它們或是生命的模仿與實際生活當中各種現象的模仿，或者是學校當中學到的東西與學校教學的自發運用，或是各種精神借助各類材料來實現的完全自發的產物與外在表現。

　　而在第三種情況下，或是遵循在遊戲對象當中與遊戲材料本身當中存在的法則，並尋求、服從、追隨、順應這些法則；或是遵循人自身、思想與感受中存在的法則。然而不管在哪種情況下，這一年齡階段的遊戲，是或應是純粹的生命力的展現，純粹生活勇氣的展現。它是少年身上富有生機的活動著的豐富生命與生活樂趣的產物。所以此時期的遊戲是以內部生命的活力、旺盛的生命力及實際的外部生活作為前提的。假如缺少了這些，或者此前曾缺少過這些，那麼在這時就會缺少展現真正生命的，因而可以重新激發、接近和提高生命的遊戲。這一道理，印證了一位年輕人所表達的想法。他在少年時代曾時常參加這樣一些如芽苞和小枝成功萌發的少年遊戲。有些處在適合進行這種遊戲的年齡的少年，他們在這些方面的生活缺乏生氣，即其生活熱情沒能被激發出來，或者說他們已經變得完全遲鈍了，他們總是死氣沉沉的，將自己束縛住了，他們懶散、無所事事。對於這些兒童，這位年輕人說：「我不知道這些孩子為何不去參加遊戲。我們在這一年齡階段時曾玩得多起勁啊！」

　　由此可以清楚的看出，這一年齡階段的遊戲也需要有人加以特別指導，兒童要能適應這種遊戲，也需要加以培養，我們必須讓兒童的家庭生活、學校生活、其他外部生活的體驗

變得豐富起來，即兒童的生活必須為獲取歡樂而必然猶如鮮花般從豐滿的花蕾內部當中綻放。歡樂是一切少年活動的核心與靈魂。

遊戲本身應該是，也可以是身體層面的遊戲、感官層面的遊戲或是精神層面的遊戲。身體層面的遊戲或是作為力量與靈活性的練習，或者也能只是內在的生活勇氣及樂趣的表達。感官層面的遊戲有聽覺練習，如捉迷藏等，有視覺練習，如射擊遊戲、色彩遊戲等。精神層面的遊戲有棋類遊戲等需要思考與判斷力的遊戲。這些遊戲，儘管時常並不符合遊戲的真實目的與精神，還有兒童自身的需求，然而卻已有人從各個層面對其加以分類觀察，並為人們所理解及應用。

單元 23
講故事鍛鍊口才

連結日常的及生活當中的各類事情進行故事、傳說、寓言及童話的講述。

　　存在於自己心中的生命的感覺與感情，自己的思想和意識及欲望，幾乎都是無意識的，幾乎只是在自己的內心當中作為一種衝動而展現在外在的東西，這是自己最直接的感覺，是此年齡階段兒童的最高及最重要的，也是通常人們最重要的感覺，因為人只能在理解自身及其力量，還有自己生命的程度上去理解其他事物、他人的生命及力量的作用。但是某一事物與其自身比較，絕不可能使對該事物的認識與理解全面而深入。因而在瞬間的自己的生命，包括內部生命的各種現象、思想、感情、感覺等，與自身進行比較，也不可能導致對自身生命的本質、原因與結果，對其意義等的認知與理解。為使自己能夠清楚的了解這些，便要求與自身之外的其他事物與他人進行比較。並且無疑是眾所周知的，與有一定距離的事物相比較，尤其是與距離太近的事物進行比較，前者更加有效。因此，對其他的或自身所不熟悉的生命加以觀察，提供了對感知自己生命的這樣一種比較的部分。尤其是那些活潑的少年在這樣的比較點當中猶如一面鏡子一樣，能夠看見自己的生命及其現象，藉此衡量自己的生命及其現象的各種價值。如果少年無法理解自身生命，不能從其本質、原因及其結果方面去意識到這一點，那麼感知自身生命及活動性的那種感情便無法以人的意志為轉移並不可抗拒的被壓倒及剝奪。而理解自身的生命，清楚其本質、原因及結果，卻精明能幹、體魄強健的少年所期望、所要求的，這是這種少年最內在，可以說維繫其內在生命力的需

求。這便是為什麼兒童都喜歡愛聽故事、傳說、寓言及童話的根本性的原因。假如這些故事、傳說等所表達出來的是某一時刻所切實發生過的事情，或者它們通常說僅存在於某一精神活動與力的作用的領域，並且這些精神活動及力的作用自然應對兒童而言幾乎是毫無障礙的，那麼他們聽講時所顯示出來的興致更高。剛剛在兒童的心靈當中萌發出來的力，透過傳說、童話、故事展現出來的在兒童面前的是已成長為盛開著的美麗的，勉強能夠模糊的預感到的花朵與結著豐碩果實的完整植物。當這種比較與兒童模糊的想像有著較大差異時，兒童的心靈與心情將會變得如此開闊，他的精神將會得到加強，其生命將會何等自由與有力的發展！

並非豐富的顏色本身吸引兒童的心，而是比多彩的色彩深奧得多的精神層面的東西，眼睛無法看到的東西，同樣的，在童話與傳說當中吸引他們的也並非隨時出現的多姿多彩的形態，而是在這些形態當中表現出來的，作為兒童的精神與生命的標準的精神的事物。或者更進一步來說，這是對擺脫了束縛的生命的直接觀察與對按照存在於自身當中的法則自動的發揮作用的力的直接觀察。故事講述展現的是他人與其他的關係、其他時間及場所，甚至完全已經是另一種形態了。儘管如此，聽講者會去尋求自己的形象，而誰都無法對他說「這便是你的形象」。

今天在我們審視的目光下，正在發展自身的力量與生命的、還在長輩膝下接受撫育的兒童，要求母親講述的最為簡單的故事，例如關於歌唱的、飛翔的、築巢的、餵養雛鳥的鳥兒

的故事，他們聽這些故事已經不知多少次了，儘管如此仍然一再請求母親複述這樣的故事，難道不是有很多人曾看到和聽到過的，甚至是親自體驗過的嗎？我們現在樂於了解與洞察其生活的少年，他們的情況與此前說的也沒有區別。「為我們講一點故事吧。」經常聽故事的孩子如此請求他們已有很多次了。「我知道的就是這麼多了，我已跟你們講過了。」「那麼，就跟我們說說這個或那個故事吧。」「但是每個故事我都跟你們講過至少兩、三次了呀。」「沒關係啊，再跟我們講一次吧。」於是他開始講故事，並看到其聽眾如何專心的聽他的每一句話，他們似乎像從未聽過一樣，傾聽從他嘴裡說出的每一句話。你們能夠看到，在聽眾的心中這一切是多麼精彩，你們能夠看到，真正講述者的精神如何在真正的聽講者的心中活躍著，好像從自身內部高漲起來，要較量自己的力量似的。這就證明高度的精神力存在於故事當中，猶如鮮花朝向春天的太陽與五月的甘霖開放。精神呼吸精神，力感受著力並可以吸引力。故事是促使精神強健的真正精神營養，它是鍛鍊精神及力量的學校，是檢驗自我判斷力與感覺的學校。因此，真正的、擁有這種效果的故事講述也是不容易的，因為講述者必須將他講述的故事的生命力完全吸收到自身當中，使其完全自由的在自身的生活當中發揮作用。他必須完全而又不打折扣的再現這種生命力，並且必須站在超越這種現實層面展現出來的生命的立場上。這種站在超越生命的立場上來理解生活，並受到生活的激勵，這便是真正的故事講述者所應該去做的事情。因此，通常唯有年輕人與老人才可以講好故事，生活在孩子當中與孩子共

同生活的，並唯一懂得為培養孩子的生活而操勞的母親也可以講好故事。為生活所困擾與束縛的父親，不得不處理生活當中的煩惱與需求、壓迫與窮困等的父親，他們是不擅長講故事，就是他們所講的故事，難以被孩子喜愛，難以深入其生活，加強與提高其生活。對於純粹現實生活當中還缺乏認識，還沒有受到這種生活束縛，並受過生活鍛鍊的，可以說還站在此種生活外的年歲較大的兄長與姐姐，以及站在超越生活之上的立場上的富有經驗、剝去人生堅硬外殼或是透過外殼看見其內涵的祖父等老人，還有內心以滿足的心情充斥著忠實執行義務的意識的歷經艱險與錘鍊的老僕人，他們深受聆聽故事的少年的愛戴。在講述過程中，既不需要假如有助實際應用的附言，也無須強調道德追求。在講述過程中涉及生活，僅就其自身來說，不管以何種形態出現，甚至只是表現為發揮作用的力，在其原因、作用與結果方面讓人們留下的印象，要比任何透過語言來補充的實際應用方法，還有強調的道德要求所給予人們的，以及能夠給予人們的印象要深刻很多。否則，誰都能夠知道，完全開啟心靈的、已然激發出來的只是自我感知的生命的需求，曾經是什麼樣的，如今是什麼樣的。

我們為兒童講述的故事太少了，充其量都是這樣一些故事，其英雄人物都是一些人物模型還有我們以棉花填塞或是雕刻好的洋娃娃。

一名好的故事講述者其本身就是一份非常珍貴的禮物，是聽他講故事的兒童享受的幸福。他給予兒童的影響是非常大的。他促使孩子們變得高尚，他越是沒顯露出這種念頭，便越

能讓人變得高尚。我要向一名真正的故事講述者致敬，帶著崇敬的心情，並以感激的心情向他伸出手。然而他會得到比我的敬意更加美好的敬意：你們看，這些孩子的臉龐顯露出多麼歡快的表情，他們的眼睛多麼晶亮，孩子們發出興高采烈的歡呼聲來歡迎他，又有一群歡樂的少年圍繞在他的周圍，猶如快樂的歌手身邊圍著的一個由鮮花與嫩枝編織的花環。

然而處於這一年齡階段的少年的確需要精神活動，尤其是需要與身體活動一致的精神活動。而喚醒並激發出來的內部生命也應馬上有一個外部對象，以便可以展現自己，並且可以能使自己穩定下來。因此，對於身處這一年齡階段的少年，聽故事始終要為了他們的需求與從他們自己的角度出發與創作外部作品的活動連結在一起。

為了讓故事達到特別的效果，並給人以極為深刻的印象，還必須將它與生活、與日常事務結合起來。鄰人生活當中最不顯眼的現象之一，如今可以發展為非常重要的事件，它不但決定著其內部安寧與外部幸福，而且也對其他很多人的生活有著深刻的影響。無論是在每一個個人的生活領域當中發生的，還是在其熟悉的朋友那裡遇到的什麼事情，都與日常發生的事件彼此連結在一起。因此，你們看，無論是哪個孩子，這種現實的事件都會在其內心深處引發何等的激動與注意。聽別人講的每一個故事，在他看來都是在奪取一件珍品，抓住一份財富，並以故事教導的與指明的一切來充實自身生活，以提高自身並獲得收益。

單元 24
短途旅行與遠足的好處

在自然界中進行戶外生活，特別是對年輕人而言比一切都重要，因為這種生活對於人的發展、強身健體、向上與人格變得高尚的作用有積極作用。透過這種生活，一切便有了生命層面的意義。因此，短途旅行與遠足在少年與學齡期開始時，就應作為優秀的教育方法與學校教學方法而得到了高度的重視。因此，人假如要實現其生命的全部使命，完全達到他在現階段層面的發展，如果他希望真正成為一個不可分割而又強有力的整體，那麼他必須感覺、知曉和意識到自己不但與上帝、人類是整體，而且也與自然共同構成一個整體。這種整體感，為了讓本身變為整體，必須從早期開始與人一起發展起來。人必須想像自然發展與人類發展之間的關聯、自然現象與人類現象之間的關聯，還有二者之間的彼此關聯，比如，受源於自然的外部條件以及來自人的內部條件的制約，對同一人的各種不同的印象，以便人可以盡可能的根據現象以及本質透澈的觀察並了解自然，而自然對他而言，逐漸成為其應成為的樣子：引導他達到更完善境界的的重要嚮導。

尤其是對處於該年齡階段的兒童而言，遠足與短途旅行必須在所有自然現象融合、統一與活靈活現的結合的精神下，本著如下的信念進行，即：透過生命與力的本質，必然要從統一當中產生多樣化，從單一當中生成複雜，從就貌似微小的事物中產生龐大的東西，並且會繼續不斷的以這種方式不斷產生下去。在遠足與旅行中呈現在旁觀者眼前的一切事物，必然按照這種精神與信念進行觀察。因而所有的孩子也全都在旅行過程中力求迅速掌握自然的整體風貌。越是已然充分的掌握了自然

界相對完整的整體，對探索個別事物的樂趣也就越發濃厚。透過短途旅行與遠足，兒童將會把自己居住之地看作是一個整體，並將感受到的自然看作是一個恆久不變的整體。沒有這一點認識，一切遠足對學生而言還有什麼直接意義的精神層面的幫助嗎？它對學生的幫助只能是用壓抑替代振奮，以空虛替代充實。正如人將包圍在自己身邊的空氣看作是屬於自己的東西，並為了身體健康而不斷呼吸新鮮空氣一樣，他也應將時刻包圍著自己的純潔清澄的自然看作是歸屬於自己的，並讓存在於自然當中的上帝精神滲透到內心當中。因此，少年兒童應儘早從真正的關係與原本的關聯上觀察並認識自然。他應透過遠足率先認知其涉足的山谷，從其起點直到終點全面的對它加以認識。他應全面觀察各條峽谷的分支。他應對其涉足的溪流或小河進行觀察，沿著其流向從發源地直到河口進行全面的觀察，並注意其地點出現差異的原因。他應去探索山脈，了解山脈的分支狀況。他應登上山巔，以便完整了解整個地區的地勢與地理特點。實地觀察將會向他說明，山嶽、谷地的形狀及構造，還有河流的走向是如何彼此制約的。他將觀察山嶽、谷地、平原、土壤以及河流的土產。他應力求在地勢較高的場所與他在低窪地勢處見到的鵝卵石及原野上的石塊進行對比，探究岩層的區分與差異。少年兒童在遠足與旅行的過程中還應對動物與植物依照其生活的自然狀態及棲息場所予以觀察，看它們是如何沐浴在陽光下以便汲取光和熱，另一些又是怎樣尋求黑暗、涼爽以及溼潤的。他應該注意到，尋求陰影的動植物是怎樣與提供陰影的自然界事物緊密連結在一起的，猶如後者產

生的一樣，而尋求光與熱的動植物又是如何與發光的自然物與釋放熱量的自然物緊密連結的。在遠足的過程中，少年兒童應從各方面去發現，棲息場所與食物是怎樣制約著擁有高等生命活動的事物的顏色，甚至是形狀，例如毛毛蟲與蝴蝶以及生活在植物上的其他昆蟲，無論其形狀還是顏色，都是與牠所屬的植物緊密連結在一起的。他也將注意到，這種外部的相似性與關聯性是動物自保的重要方法，高等動物幾乎都在有意識的利用這種相似性來達到自保的目的，例如小鳥，尤其是築巢的金翅雀，牠們築出的巢的顏色與牠們的巢所在的樹木及枝條的顏色幾乎沒有區別。甚至動物的生活習慣中，其活動的時間與外在顏色表現與光照的特點也是息息相關的，如白天的蝴蝶有著豔麗的色彩，而夜間活動的飛蛾卻是灰色的等。

兒童透過親自對事物間的這種永恆而活靈活現的自然關聯的覺察與注意，透過直接的觀察和自然觀察，而並非是透過抽象性的單純的課堂解釋，兒童將會形成關於自然中所有事物及現象之間永恆的、活靈活現的內在關聯的非常重要的思想，這種思想，無論最初如何模糊，但隨著時間的推移會越來越明確。

人也是如此，首先是人的生活、工作以及職業，隨後是人的社會關係、性格、思想方式以及行為方式，尤其是不同的風俗與語言，所有的一切，在其旅行過程中都會以多方面的自然關聯展現在他面前。然而所有的這一切，不管在現實生活還是在理論上，將留待兒童與少年在其發展與受教育階段的後期去予以解決。

　　在迄今為止的關於人的自我發展的努力有著直接而必然的
關聯，並作為與這種努力相統一的事物所產生的教學方法及受
其制約的教學方法的考察當中，數的常識、以研究形狀為主的
空間常識、說話練習、書法及閱讀等這些從外界觀察以及語言
的練習中，產生的對少年兒童及學生的要求也就明確而肯定的
展現在我們面前。

　　由於這些教學對象按照其性質來說，要比至今探討的某些
對象出現得要晚一些，就是說，要等到此前敘述的那些作為基
礎的教學對象作為優先發展對象來實行並已經達到某個特定的
節點時才會出現，所以這些對象的考察與說明也要相應的推
遲，直到那些對象的說明徹底結束為止。然而以上的教學對象
還是屬於當前觀察的少年期的後半期，因而對其的詳細考察也
必然的要與對到目前為止考察的教學課題直接關聯起來。

單元 25
培養孩子對圖形的常識

人們透過對外界世界的觀察，還有對自身的語言練習已經使得人們對形有了觀察和考察，引發了人們對形的認識。然而由於外界事物通常非常多樣化，而外在特點是錯綜複雜的，因此形的觀察，尤其是形的確定，是非常困難的，使得事情本身也就越來越向著只具有簡單形狀與形態的那些類別的事物傾斜，我們的認知向著局限於單純平面的、等角或直角的那些事物傾斜。

　　然而，關於任何形的認知，歸根究柢是關於線條的認知，尤其是形透過直線的媒介而被人們所觀察與認識。因而在對事物進行觀察時，按照事物本身的特點，曲線很快就被丟棄了，而被觀察的首先是以直線為基礎的物質形態對象，如火爐的表面、時鐘表面的玻璃、墨水瓶的邊緣都是曲線，門扇和窗扇、窗框和鏡框、窗的橫檔都屬於平面和直線。

　　現在再依照事物的位置及方向的關係對事物及事物的各個局部及輪廓加以觀察，例如兩扇長的與兩扇短的窗戶彼此之間始終是平行的；一扇長的與一扇短的窗戶是互成直角的，鏡框的一條長邊與一條短邊同樣是直角關係；關閉的兩扇窗的橫檔是同一方向的。

　　同樣還可以對椅子和桌子的腳等事物，還有桌子的桌面、稜角等按其方向、位置、數目、接合關係加以觀察。還可以對房間依據其形狀與位置，其牆壁的形狀及方向，還有房間的屋角等方面加以觀察。

　　就這樣，從對平面的、複合形態的事物的觀察，進而發展到對平面的、線條簡單的物體的觀察，乃至對立方體的、方柱

形以及平板形的、角錐形的物體等的觀察。假如學生或是少年從對物體的面與角的觀察當中，認識到作為這種觀察的基礎的直線關係，從而明確了以線為基礎的各種角度，並進而明確了構成各類形狀的基礎的線條可以勾勒出物體的輪廓，即形成形狀的網，那樣的話，對少年或對學生而言就會產生一種觀察線條及線條關係的內在需求。這樣，少年就發展到了對其進行真正的形狀常識的教學階段，首先是必然對他進行平面上的形的觀察，還有知識教學的階段。

關於在同一平面上直線構成的形狀的研究應從觀察個別線條作為起點，在觀察時，最初這些個別線條被看作是沒有彼此連結的或是無法結合在一起的，就其位置與方向而言，被看作是並行的、同方向的與非並行的，而後者又被看作是直角走向與成相同角度彼此傾斜的，同時應研究線條的數量、位置與方向是怎樣彼此制約的；然後，將各個線條看作是彼此連結或是結合的，首先觀察這些線條是否可以以及在什麼程度上可以連結，其次是結合點的數量方面予以觀察，第三是有關線的末端位置對線的結合點之間的關係，即關於線的末端是否在結合點之上或是在結合點外加以觀察。進一步觀察是結合起來的，還是相異的各個線條在結合點上的直接產物，觀察角的數量以及角與線和結合點之間的關係，觀察角的位置與形狀。更進一步的是，從線對其所處空間的關係上對線予以觀察，觀察空間本身，觀察首先由線的數量、位置，隨後是角的數量、形式及位置所決定的空間形狀。

迄今為止，所限定的空間以及塑造的平面全都是被孤立的

加以觀察的，如今必須將它們相連起來加以觀察，首先是與線連結在一起，然後是與角連結在一起，最後是與面連結在一起。必須在面與面的結合，同種類與同名稱，乃至不同種類、不同名稱的面的彼此結合，並且或許是僅僅在點上或線上（稜）上的結合，或是在面上、平面上重合的結合方式的情況進行觀察。

　　觀察的目標和最終結果是：若干名稱相同，然而彼此之間種類各異的面，尤其是若干正方形與三角形（指等邊三角形）彼此之間結合為某種形狀，該形狀在某些關係上重新成為同一的東西，也就是說，通常作為完全不同類型的形狀的正方形與三角形在第三種形狀下，可以說是重新相合了，例如三個正方形彼此重合的結合起來，透過它們的角組建成一個十二角形；四個三角形同樣加以結合，也構成了一個十二角形。因此，十二角形就是由正三角形和正方形結合而得到的形狀；然而十二角形是指示多角形的事物；多角形本身或無角多角形便構成了圓。研究透過直線限定的形狀的形態常識，其極限或是目標在於讓學生懂得圓，要求學生掌握圓與發揮人對圓的制約作用。

　　由於篇幅所限，這裡不可能對「形的常識」部分的教學內部事物進行詳細論述，也不可能闡明讓這些觀察明晰的展現出來的，尤其是透過數字及其法則以獨特形態向各個方面重複表現的那些最具獨特法則的活生生的整體。這裡還需要進一步說明的是，少年發展的這一階段當中形成的常識教學，與其過早的孩子概括性的、脫離了形狀與離開了個別的自我表現去觀察

形的真理，還不如更多的停留在形的多次重複表現以及對客觀事實的觀察上。在這一階段上還必須避免各類關係的過於複雜的關聯還有由此產生的複雜結論的推論。形的每一種關係應徹底單獨的，但應盡可能透過多種形狀並在極為簡單與容易理解的關聯中進行觀察。

　　與傾斜線的觀察應從形出發朝著流暢的畫出線條的目標前進。

單元 26
增強孩子的閱讀能力

閱讀是與書寫徹底相反的一類活動。書寫與閱讀猶如鏡像般恰好背道而馳，恰似給予與獲得的關係。給予是要以獲得為前提的。嚴格來說，假如預先沒有真正給予過，那麼就不允許有獲得，也不可能有獲得，甚至根本無法理解什麼是獲得，根本不可能拿到要獲得的東西並進行利用，根本無法掌握它。同樣的，從這一觀察角度出發，在眼前的個別情況下，閱讀也必然是要晚於書寫的。

教學過程必然要從事實的性質出發，並且不管是去認識它，還是表現它，都同樣較為容易。因為少年本來已能按照與詞語結合，並從屬於該詞語的最基本概念來加以閱讀。閱讀始終是到目前為止少年所書寫的每個詞語上進行的第二種不可分離的結合式的活動，這種活動，尤其是少年兒童在今後把自己思考的或是自己觀察得到的東西寫下來時，還要進行訓練。

在通常意義上的閱讀還有通常學校層面教育意義上的閱讀，即我們的書面文字以及印刷體文字的字母和單字的閱讀，如今是很容易被掌握的，以往花一年多的時間幾乎無法讓少年兒童讀通，並已然成為孩子的負擔的東西，如今對少年兒童來說卻是一種樂事，只需要幾天工夫就能輕鬆讀通。

最為必要的一點是，認識與迄今被用於書寫層面的大寫羅馬體字母擁有同樣價值的印刷體字母。在這裡，僅僅將二者在外部並列起來，例如僅僅說 i＝I，或者 o＝O 和 u＝U 等，是不夠的，而要尤為注意的是，一種字母的主線是如何包含在另一種字母當中的，我們的小寫印刷體字母是如何從大寫拉丁字母當中產生出來的。這二者的類似之處只需要稍加注意就會

很容易被分辨出來。

　　在進一步學習閱讀當代印刷體文字的情況下，可以利用各類教科書，特別是對於我們母語的初期的基本知識還需要極為必要的普及，尤其是作為一種發展方法而言，在使用上遠比其他任何教科書都要優越。

　　如果讓學生將讀本上的一定的訓練，例如蒂利希（Tillich）的讀本西元 1818 年版第 3 頁以後的練習，首先用迄今通用的字體寫書寫在具有網格的石板上，然後與讀本當中的文字加以對照閱讀，那麼，這種方式作為運用往往是已經確定的字體書寫與運用當代印刷體文字閱讀二者之間的連結方法，是非常有利、有幫助的。

　　少年在其整體發展的這一階段當中，必須要做到的一點就是，他要明確、純正的，用正確掌握的字母與單字進行閱讀活動，他也應透過就大小程度而言不同的發音間歇來表示並保持由關聯所制約的各類劃分以及組合。在此基礎上，少年兒童進而發展到能夠掌握他人思考的東西，並透過他人思考的以及感受到的東西來檢驗自身思考與感受到的東西，從而使自己提高到每一個既受人類本質本身制約，又受他個人本質制約的發展與訓練階段。更高程度的運用作圖與繪畫的閱讀本領，為將來進一步的特質培養奠定基礎。

單元 27
教育理論的概括與結論

至此，關於人從其存在及生存的最初時間開始，直到少年初期的形成、展現及其本質發展的諸多方面、階段及條件，我們都已經進行了概括性的敘述。與此同時，藉以人在被觀察的這一階段當中必然可以，也應按這一階段及其整個本性的要求獲得發展（假如人的終極目標在於臻於完善的話）的方法，已按其內部關聯，按其必然的交互作用以及自然分支，按其發揮重要作用等諸多方面展示到我們眼前。

　　我們如果概括一下迄今在這一關係方面所認識與所論述的一切內容，那麼我們就不難知道，少年生活當中的諸多現象無疑還沒有一定的方向。比如，探究顏色的目的並非是想讓孩子成為一名畫家，同樣的，探究聲音與唱歌的目的絕非培養一名音樂家。這些活動在人們的身上、在少年身上要達成的目的，首先是全面發展及顯露孩子天賦的本質。這些活動通常來說是極其重要的精神食糧，是人的精神。我們可以說為了讓自己的力量與強度得以擴展而在其中呼吸與生存的以太，因為上帝賦予人類的那種從上帝本身的精神當中，以無法抗拒的必然性朝各個方向並必然作為豐富多樣的事物展現出來，並作為如此豐富多樣的事物獲得滿足的精神特質，必然的以其豐富的姿態伴隨著這些活動而展現出來。因此，我們最終應認識到，我們因為過多的在成長當中的孩子身上錯誤壓制這些極為必要的精神傾向，而極其有害的干涉了少年的本性。甚至當我們在壓制乃至切斷各類傾向時，特別是當我們人為的為其嫁接上另外一些傾向時，我們卻相信自己在為人類的將來發展、孩子的終身幸福、內心的安寧與上天的美好而對上帝、對人類，尤其是對少

年本身做出了極大的貢獻呢！上帝並不從事嫁接與發芽工作，所以作為上帝精神的人，其精神也不應被他人所嫁接。然而上帝能夠按照永久的奠基於自身當中的、從自身當中不斷發展著的永恆法則，使最為微小與最不完善的事物不斷積極發展，因此上帝的神性應該是人類思想上與行動當中的最高目標，尤其是人們對其子女，正如上帝對人那樣，處於父子關係時相處與教育更應如此。我們最後在對於教育自己子女的關係上應該尤為注意考慮的是，上帝的國度即為靈性的國度，因而人類身上的（因而也是孩子們身上的）靈性至少應是靈性之國，即上帝之國的一部分。因而我們要將注意力放在人類的身上，亦即孩子們身上的靈性的普遍形成方面，放在真正的人性，即作為個別現象與作為這樣一種根植於人性的神性的形成與發展上，並堅信這樣進行下去的話，真正被陶冶為人的每一個人也將接受教育並成為適應公民生活與社會生活中任何個別要求和個別需求的人。

　　或許有人會要說：「這一切都是非常美好的，只是對於我們的孩子來說已經派不上用場了。對我們的孩子來說，這種方法的應用已然太遲了，因為他們所處的年齡階段已接近少年時代的末期，對他們怎能採用教導小孩子的辦法呢？他們必須要接受一些特殊的、直接能夠符合他們未來的職業規畫與適合他們未來職業發展的教育，因為他們已經即將進入公民生活時期，即他們必須考慮為自身贏得麵包與維持自身生計，或是幫助家長做事的時期已經迫在眉睫了。」沒錯，我們的孩子們如果現在才要去學習自己應去學的那些東西已經顯得年歲過大，

然而，當他們還是個小孩子時，處於少年初期的時候，我們為何沒能滿足他們必然要求的那種精神方面的需求呢？難道少年是為了其一生的這種發展而就此喪失了學習這些內容的權利嗎？也許有人還會表示：「只要少年們已經徹底長大成人，那時他們將會把這一切都彌補回來，那時他們將會有足夠的閒暇時間把這一切都給補上。」說出這種話的人們是何其愚蠢啊！假如我們願意聆聽自己心靈深處的話語並注意其中的內涵，那麼我們的心靈一定對我們的話語表示明確反對。固然，有些東西在某些場合下是能夠被挽回的（具體是哪些東西能夠挽回，則不屬於本文涉及的範疇內），然而通常來說在少年時代，在人的教育與發展過程中被耽誤的以及被忽略的東西卻是根本無法被挽回的。難道我們作為男子漢與為人父親的，也許還包括身為母親的，不想在最後坦率的表達對於我們而言永遠無法癒合的、貫穿人終生的流血的傷口，或者是我們心靈當中變得堅硬的、永遠無法再次軟化的部分，或者從我們的精神當中抹去為人的尊嚴的感覺與思想，以及從此形成的我們那永遠無法再次開朗起來的心靈當中的永久汙點嗎？難道我們要將我們被錯誤引導的青年時代，尤其是少年時代所產生的所有後果全部掩蓋起來嗎？難道我們不希望在我們的心靈當中看到兒童時代的心靈當中被壓抑的、枯萎的，乃至被扼殺的所有萌芽嗎？難道我們不想為了孩子們的幸福而承認此前所說的一切事項與應該注意的一切事情嗎？我們占據著非常重要的職位，我們從事著規模龐大的職業，我們經營著收益頗為可觀的業務，我們善於生活，我們享受著精良的、上等的社會教育。然而所有的這一

切，在我們只是單純面對自身的瞬間，能否阻止我們內部教養的缺失與支離破碎的狀況，以這樣殘破的狀態展現在我們心靈之前呢？我們對於這類絕大部分根源於我們幼年時代所受教育不充分與不完善的內部教養缺失的感覺能否因為這一切而得到消除呢？

　　因此，我們如果想讓自己的子女 —— 哪怕他們已經是少年 —— 儘管現在他們如今已處於少年時期的最後三分之一，甚至是最後四分之一的階段 —— 有朝一日能夠成為能幹、人格完整的人，並且，假如他們在其幼年期與少年初期時，對所應該學會與發展起來的那些素養至今還沒有學會、尚未發展的話，那麼我們必須追溯到其幼年時代與正在開始或已然開始的少年時代，以便至少使他們還有可能將欠缺的教育補上，不至於被耽誤掉，使其還有可能挽回的教育歷程被挽回來。這樣的話，我們的孩子很可能在一年或是若干年後達到當年的教育目的，他們能夠達到真正的目的而並非充其量達到虛偽的目的要更好並且好得多嗎？我們想當一個熟悉實際生活的人，然而對真正實際生活的需求難道不是理解得非常少嗎？我們想當一位企業家並且是具有先見之明的人，然而即使對於每個人而言都是顯而易見的事情，難道我們不也是知之甚少嗎？即使是非常需要對這些事做出衡量的場合，我們不是時常無法做出正確的衡量嗎？我們自誇生活經驗如何豐富，然而在我們原本能夠從這些經驗當中獲取到令人振奮的結果的場合，所展現出的素養卻極為稀少。我們一般會拒絕對自己青年時代進行回顧與反省，從這些回顧與反省當中，我們原本是能夠為了自己的幸福

以及我們孩子的幸福而學習到很多很多東西的，因為，在耶穌關於「你們要試圖成為幼兒一樣」的話與要求當中，也包含著「你們應專心的回顧自己的少年時期的言行，並喚醒、溫暖及振奮你們心靈當中永恆的少年思想」的這一要求與含義。耶穌對其所處的時代以及與他同時代的人所說的話，整體來說是何等的真實，其精神直到如今對於我們及我們所處的時代依舊是完全適合的。一般來說，在人的所有關係當中，就全人類來說，為實現人的完善與更高程度的完善的新階段，都適用耶穌時代的話語，尤其是關係著全新的人生觀的開端，可以說也是如今重新對全人類的告誡。如果換成今天對我們說的話，那便是：「假如你們在自己及你們的孩子身上不去實現人在幼年及少年時代精神當中所要求的一切，如果不為你們自身及你們的孩子提供這一切，那麼，在你們生命當中最為高尚的時刻，你們的心中帶有深長與渴求的嘆息所要求的，在你們生命當中最為幸福、最為美妙的時刻，你的精神曾經充實過，並且還將充實你們期待已久的心靈，以及無論現在還是過去都會充實最為高尚的人的心靈，無論現在與過去都會滿足他們的心靈所渴求的一切東西，你們都將無法得到。」

我們將人們透過迄今所論述的一切關於發展人的教育及教學方法所達成的形成階段和目標進行了概括性的論述，並加以總結，那麼，我們非常明確的一個看法是：少年已經達到了對其獨立的精神自我與本質的預感，他已經能夠感覺並認識到作為一個精神整體的自己。在他的身上，接受了一個既統一又多樣化的整體的能力已然被激發起來。在他的身上，將作為如此

的一個整體及其必然的各個部分，這個整體的本身，其存在，在其本質的統一與多樣化中，透過自身以外的多樣性展現出來的能力已然萌芽。因此我們能夠發現並認識到，作為少年初期的人就已經有能力去實現最高及最為重要的目標，去實現其使命與天職，即展現他自己的本質、上帝的本質。這種能力應被提升為一種熟練的技巧與具有掌握性的能力，提升為一種意識，提升為一種觀點及明確的思想，提升為生命的自由狀態，這是應從少年期開始的相應發展以及教育階段當中的人的未來生活去加以解決的事情。指出達成這一目的的途徑與方法，並在生活與現實當中進行實施，是本書作者終其一生要去解決的事情。[8] 在本書寫作的過程中，正值本書寫到的那個年齡階段的、充滿朝氣與歡樂的、心情愉快、幸福的生活的少年兒童加入了我們的教育團體。本書就是以這個教育團體為出發點的。筆者在寫作的過程中，這些少年兒童中的大多數曾經直接圍繞在他的周圍，一刻不停的遊戲著，不斷要求滿足並滋養自己活動與生活的欲求，以達到自由的形成自己的素養與內心思想。如果說需要有一種外部條件來保證讓作者在該書的寫作過程中，能夠寫出最為真實內容的話，那麼這些少年兒童就是這方面的擔保人，並且，他們也會是促使作者繼續寫作出最真實內容的擔保人。

8　福祿貝爾在《人的教育》這本書中只將教育措施寫到少年初期為止。福祿貝爾曾計劃續寫《人的教育》，然而這一計畫最終沒能實現。

附錄
福祿貝爾年表

西元 1782 年 4 月 21 日	福祿貝爾（Friedrich Wilhelm August Fröbel）出生，其出生地為德國圖林根地區的施瓦茨堡一魯多爾施塔特封地上的奧伯韋斯巴赫村，其父親是一位牧師。
西元 1783 年 2 月	母親去世。
西元 1797 年	在國民學校當中完成學業，隨後在一位林務員身邊當學徒。
西元 1799 年	進入耶拿大學哲學院，主修自然科學及數學，期間結識了在該校任教的哲學家費希特（Johann Gottlieb Fichte）和謝林（Friedrich Wilhelm Joseph von Schelling），在此時期，福祿貝爾深受這兩位哲學思想的影響。
西元 1802 年	父親去世。
西元 1805 年	應法蘭克福模範學校校長安東·格呂納（Anton Grüner）之聘前往該校任教師。福祿貝爾開始了自己從事教育工作的生涯，這是他一生當中的重大轉折。同年前往瑞士伊弗東，首次對著名教育學家裴斯泰洛齊（Johann Heinrich Pestalozzi）進行為期 14 天的拜訪。

西元 1806 年……開始在霍爾茲豪森男爵家擔任家庭教師，直到西元 1811 年。

西元 1808 年……帶領兩名貴族子弟第二次前往伊弗東拜訪裴斯泰洛齊，在那裡學習並任教直到西元 1810 年，深受裴斯泰洛齊教育思想的薰陶與影響。

西元 1811 至 1812 年……在哥丁根大學進修。

西元 1812 至 1813 年……在柏林大學進修。

西元 1813 至 1814 年……加入盧真志願步槍隊，參與了反抗拿破崙統治的解放戰爭。期間結識了日後與之親密合作的同伴米登多夫（Wilhelm Middendorff）和朗格塔爾（Heinrich Langethal）。

西元 1814 至 1816 年……在柏林大學礦物學博物館擔任院長助理。

西元 1816 年……在施塔提爾姆的格里斯海姆創辦「德國普通教養院」。該校在西元 1817 年被遷往魯多爾施塔特的凱爾豪。福祿貝爾在凱爾豪辦學的這段時間裡，撰寫了關於人的教育的系列重要文章，還有其代表作《人的教育》，提出了沒有公開發表的關於建立統一學校的《赫爾巴計畫》，並創辦了《教育家

庭》週刊等。

西元 1818 年	與霍夫邁斯特（W Hoffmeister）女士結婚。
西元 1826 年	《人的教育》一書公開發表。
西元 1831 年	受政府迫害不得不流亡瑞士，並開始在瑞士進行辦學活動。
西元 1834 至 1835 年	在瑞士布格多夫任孤兒院院長。
西元 1836 年	返回德國故鄉圖林根，並開始設計教育遊戲，以幫助並指導母親們改進其學前教育的方式方法。
西元 1837 年	在布蘭肯堡開辦「發展幼兒活動本能和自發活動的機構」，並在此前研究成果的基礎上，創造了遊戲「恩物」及附帶使用說明。
西元 1840 年	將上述「機構」更名為「德國幼兒園」，這象徵著世界上首家幼兒園的誕生。
西元 1843 年	福祿貝爾在總結自身幼兒工作經驗的基礎上，出版了其幼兒教育專著《慈母曲及唱歌遊戲集》。
西元 1844 年	幼兒園遷往巴特利本斯泰因的馬林塔爾城堡。
西元 1851 年	普魯士政府發出對福祿貝爾興辦的幼

兒園的禁令，並禁止福祿貝爾在普魯
士從事教育活動。

西元 1852 年 6 月 2 日　福祿貝爾在馬林塔爾去世。

西元 1861 年　　　　　福祿貝爾關於幼兒教育的著作得以出
　　　　　　　　　　　版，名為《幼兒園教育學》。

國家圖書館出版品預行編目資料

官網

福祿貝爾談「人的教育」：訓練發展、學校與家庭、身體知識、自然教育……現代學前教育理論 / 弗里德里希 . 福祿貝爾 (Friedrich Fröbel) 著，周博文 譯 . -- 第一版 . -- 臺北市：崧燁文化事業有限公司 , 2023.01
　　面；　公分
POD 版
譯自：The education of man
ISBN 978-626-332-934-8(平裝)
1.CST: 學前教育理論
523.21　　111018790

福祿貝爾談「人的教育」：訓練發展、學校與家庭、身體知識、自然教育……現代學前教育理論

臉書

作　　著：[德] 弗里德里希‧福祿貝爾（Friedrich Fröbel）

翻　　譯：周博文

發 行 人：黃振庭

出 版 者：崧燁文化事業有限公司

發 行 者：崧燁文化事業有限公司

E-mail：sonbookservice@gmail.com

粉 絲 頁：https://www.facebook.com/sonbookss/

網　　址：https://sonbook.net/

地　　址：台北市中正區重慶南路一段六十一號八樓 815 室

Rm. 815, 8F., No.61, Sec. 1, Chongqing S. Rd., Zhongzheng Dist., Taipei City 100, Taiwan

電　　話：(02)2370-3310　　傳　　真：(02) 2388-1990

印　　刷：京峯彩色印刷有限公司（京峰數位）

律師顧問：廣華律師事務所 張珮琦律師

定　　價：299 元

發行日期：2023 年 01 月第一版

◎本書以 POD 印製